OLD PATH
WHITE CLOUDS
WALKING IN THE FOOTSTEPS
OF THE BUDDHA

一行禪師
著

何蕙儀
譯

一 行 禪 師
說
佛陀故事

縛悉底篇

I

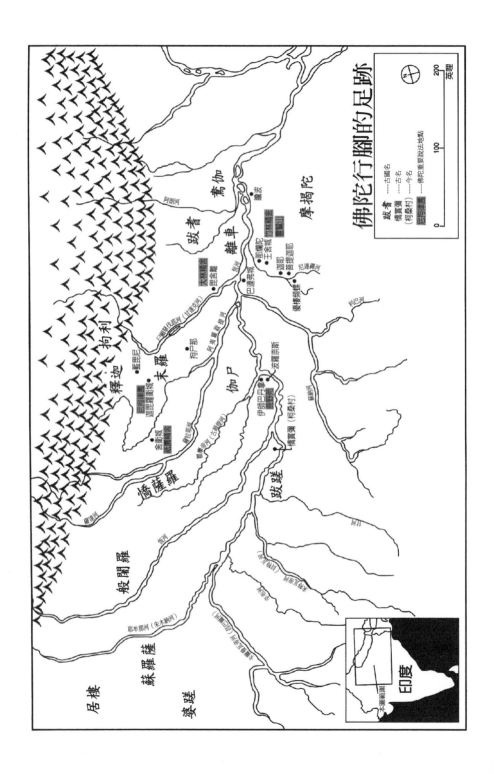

中文版序

　　很高興拙作被翻譯成中文，這正好讓我有機會回饋中國歷代的佛教祖師。

　　我十六歲受戒為沙彌，學習的第一本佛教經典便是用中國古文寫的。學佛的最初十年，我所用的全都是中國古文經典，以及當代大師為參究這些經典而寫的語體文註疏。這之後，我才接觸到藏文、巴利文及源自西藏的佛典。但我從沒忘懷中國祖師的恩德。自學佛以來，我一直受著此智慧之源的恩澤。現在以中文出版拙作，就是希望聊表此感恩之懷。

　　自學僧時代，我已堅信人間佛教這個理念，若能與日常生活相結合，便可以使社會朝著更平等、自由和慈悲的方向前進。全賴這個信念，我才不至於被當時一些佛教的敗壞風

氣所影響，而喪失意志。我告訴自己：你一定要盡力地把佛法與修行適當地運用於現代生活中，要使佛法與現代的科學、民主、人道、環保和社會公平並肩同步。

　　早在一九五二年，我已寫了一本名爲《家庭日用佛法》（*Buddhism Applied in Family Life*）的書。幾年後，又寫了另一本書，名爲《日常生活佛法》（*Buddhism Applied in Our Everyday Life*）。自此之後，我幫助設立佛教學校、大學、佛教青年社工服務學校和佛教雜誌等，以期使佛法可以在日常生活中實踐。

　　我初期所學所修的佛法，是在某些程度上受藏密影響的禪和淨土。在成長的過程中，身爲一個行者，我目睹自己的國家陷於戰禍、暴力、貧困和社會的不平之中。我發覺當時所學的禪和淨土法門，都不能直接解決我周圍以及自心之內的痛苦。我深入鑽研佛理，尤其是四聖諦和八正道，以期能找到直接解決當時苦難的答案。後來幸得《安般》、《四念處》和《釋中禪室》等經典的啓示，使我重拾佛陀教化中「現法樂住」的義理，因而使我一直期待著的「人間佛教」，得以復現。沒有親身接觸和透切理解「苦諦」，是很難得見脫離痛苦的「道諦」的。瞭解痛苦之性質後，才可以用行動和修行來轉化痛苦，使身心康復，這就是「滅諦」。正法的一個特徵，就是需要現身受證。佛陀曾一再強調，正法是在當下一刻生效的。你一開始修行，轉化和康復的過程便立刻

開始了。

　　過去二十年，我主要在北美洲和歐洲的三十多個國家提供專念禪訓的靜修營。在這段靜修的時間裡，參加者會被指導如何修行，以回復身心的安詳與平穩，以及如何承認並接納苦痛，然後深入瞭解痛苦的性質，進而轉化它。修習坐禪、行禪、專注呼吸、專注禮拜、全面鬆馳等，都是爲了達到以上的目的。經過這些修習之後，很多參加者都能夠消解內心的矛盾和衝突，與家庭親屬重新溝通。慈心的聆聽與關懷的愛語，都是其中的基本修習。但這些修習的鍛鍊，則必須要靠專念、集中和去深入瞭解的精神所支持，才可以發揮效用。

　　我希望我全部的英文拙作，都能被翻譯成中文版本廣爲流通。我也當然會很高興與我的朋友一起多到中國來探訪，保持與中國佛教大德們的對話。佛教只有在更新中才能成爲一股新動力，以解決現今人們每天在生活上所遇到的困惑。

一行禪師

作者誌

　　在撰寫這本書時，我幾乎只從所謂的「小乘」經典中擷取材料，而且刻意引用極少的大乘經典資料，目的是想藉此證明，大乘經典中廣義的佛教教理，全都可以在巴利文的「尼科耶」（Nikayas）以及漢文的《阿含經》中找到。我們在研讀這些經典時，只要保持著開放的態度，就會看見其實所有的經典都是佛教經典，無論它們是屬於南傳佛教或北傳佛教。

　　大乘經典在詮釋佛教的基本教理時，方式是較自由、較有彈性的，如此能避免教理被「具體化」，而在學習及實際修行上變得狹隘或不知變通。大乘經典能幫助我們重新發現「尼科耶」與《阿含經》深奧的一面，因為它們好比顯微鏡

下的一道光，清晰地照射在一個因為以人為方式保存下來，
而遭到扭曲的物體上。「尼科耶」與《阿含經》理當更貼近
佛陀教化的原始形式，但在法教的流傳過程中，不免會受到
傳承中特定的修行與詮釋方式所影響，而遭到更改與修飾。
現代的學者與修行者，應該要能從現存的南傳、北傳佛教的
經典中，恢復佛教的本來面貌，而且也應該要熟悉這兩種傳
承。

　　佛經中經常出現神通事蹟，為佛陀的一生增添了豐富的
色彩，但我在書中盡量避免提到這些事蹟，因為佛陀本人曾
告誡弟子，勿將時間與精力浪費在追求神通能力上。然而，
我提到了佛陀生平，在社會上或與弟子之間所遭遇到的難
題，如果佛陀在這本書中有什麼和我們一般人很接近的地
方，部分原因是因為他所遭遇的這些難題吧！

一行禪師

譯者序

　　最初淨因法師給我介紹《故道白雲》（*Old Path White Clouds*，編按：《故道白雲》爲本書香港版書名）時，我還以爲這不過又是另一本關於佛陀事蹟的書，與我所看過的一些佛陀傳記類書籍，大同小異。但開始閱讀後，我便愛不釋手，一下子走進了二千五百多年前，以印度東北爲背景的佛陀時代了。

　　本書直接取材自二十四本巴利文、梵文以及中文的佛典。作者把佛陀一生的主要事蹟和言教，透過佛陀八十年不平凡的經歷，從一個牧童縛悉底與佛陀的一段因緣，一一引述出來。從一個讀者的角度而言，如果說佛陀事蹟與言教的陳述是牡丹，那這本書對於佛陀人性一面的反映，便成了我

眼中的綠葉，而且綠得鮮豔奪目。許多人心目中的佛陀，不僅是佛教的創始人，而且更是一個高不可攀的聖者。但本書通過對佛陀年輕時代的情懷，以至老年時期的健康狀況的描述，把這位聖者與我們每一個人的距離拉近了一大截。或許，從瞭解佛陀人性的一面，我們會同時更瞭解自己佛性的潛能。這就是我覺得綠葉可愛之處！

作爲一個讀者、譯者和學佛者，這本書帶給我多方面的享受和啓發。除了多謝淨因法師給我經歷這個旅程的機會，更要多謝法師幫助翻譯書中所有的人名、地名和一些巴利文的名詞。

譯者希望以此中文版本，能與大家分享重步佛陀「故道」，細看「白雲」的感受。

何蕙儀

總目錄

一行禪師説佛陀故事Ⅱ・竹林篇

一行禪師説佛陀故事 III・獅子吼篇

縛悉底篇

目錄

縛悉底篇

1

為步行而行

　　翠竹影下，年輕的比丘縛悉底跏趺而坐，全神專注在呼吸上，不知不覺，一個多小時過去了。其他四百多位習禪者和縛悉底一樣，在偉大的師父喬達摩的指導下，在竹林中或茅蓬裡各自習禪，人人都親切地呼喚他們的師父為「佛陀」。

　　這片竹林，方圓四十畝。七年前，頻婆娑羅王將它贈送給佛陀和他的僧團，從此被稱為「竹林精舍」。從王舍城向北行，只需三十分鐘便可到達這裡。寺院周圍，種滿了摩揭陀國各種品種的翠竹，環境十分清靜幽雅。

　　揉揉眼睛，縛悉底展顏微笑，他慢慢地放開腿來，雙腳仍是酸麻麻的。今年二十一歲的他，剛在三天前受了比丘戒。戒儀是由佛陀的十大弟子之一舍利弗主持的，在受戒的

儀式中，縛悉底一頭咖啡色的頭髮全被剃掉。縛悉底十分慶幸自己可以成為佛陀僧團的一份子。很多比丘都是來自貴族階層，就像佛陀的弟弟難陀尊者、提婆達多、阿那律和阿難陀等，毋須別人正式介紹，縛悉底從遠處就已經可以辨認出他們來，雖然他們的衲衣破舊褪色，但他們的氣質仍是十分高雅。

「大概還要過一段日子，我才可以和這些貴族背景的比丘們結交吧！」縛悉底想。

奇怪的是，雖然佛陀也是王者之子，縛悉底卻一點也不覺得與他有隔閡。縛悉底是屬於所謂的「賤民」（意思是「不可接觸者」），因他出生自最低層、最貧賤的階級。這是當時印度階級體制所造成的歧視。十年以來，他都是以放牧水牛維生的，但這兩星期，他就可以和其他來自不同背景的出家人一起修行。每個人都對他很好，給他和靄的笑容和深深的鞠躬，可是他仍覺得很不自在，他相信大概要幾年時間，才能全面適應並感到舒泰。

忽然，他從心底裡湧出了歡顏，因為他這一刻剛想起佛陀的十八歲兒子羅睺羅。從十歲開始，羅睺羅已是僧團裡的一個沙彌，在這短短的兩星期中，他們兩人已成了最要好的朋友。雖然羅睺羅仍未正式成為比丘，但卻是他教導縛悉底怎樣隨著呼吸坐禪的。雖然羅睺羅未受比丘戒，但他對佛陀的教導已有很深的認識，只要等到滿二十歲，他便可以受具

足戒，成爲正式的比丘。

　　縛悉底回想起兩星期前，佛陀來到伽耶附近的小村落優樓頻螺，邀請他出家的情形。當佛陀來到他的家裡時，縛悉底正和他的弟弟盧培克在外面牧水牛，家中只剩下兩個妹妹，十六歲的芭娜和十二歲的媲摩。芭娜一望便認出來訪者是佛陀，正當她想趕快跑去找縛悉底回來的時候，佛陀告訴她沒有必要，他打算和隨行的比丘們及羅睺羅一起前往河邊找她的哥哥。他們找到縛悉底和盧培克時，已將近黃昏了。這兩兄弟正在尼連禪河中爲九隻水牛清洗。兩個小伙子一見到佛陀，便立刻跑到岸上來，把雙手合成蓮苞狀，然後深深地鞠躬，禮敬佛陀。

　　「你們長大了很多啊！」佛陀對他們倆熱情地笑著說。縛悉底並沒有回答，看到佛陀那祥和的面孔，親切又毫不吝嗇的笑容，和閃耀透人的目光，縛悉底已被感動得熱淚盈眶，不知說什麼才好了。佛陀穿著一件用很多碎布縫合成田狀圖案的衲衣。他依然是赤足而行，就像十年前在離這裡不遠的地方，初次遇上縛悉底那時一樣。那段日子裡，他們曾在河畔和菩提樹蔭下度過了很多時光。

　　縛悉底看了看跟隨著佛陀的二十位比丘，見他們個個都是赤著腳，穿著和佛陀一般顏色的衲衣。再看清楚一點，縛悉底才發覺佛陀的衲衣，比其他比丘的長了大概一隻手掌的

長短。站在佛陀旁邊的，是一個直望著他微笑而年紀又和他相若的沙彌。佛陀輕輕的在縛悉底和盧培克的頭上拍一拍，然後告訴他們，他是在回王舍城的路途中，特地前來探訪他們的。他又表示很樂意等他們替水牛洗澡完畢後，和他們一起走回縛悉底的茅舍。

在路上，佛陀介紹他的兒子羅睺羅給縛悉底和盧培克認識，原來剛才對他笑得燦爛的沙彌，正是羅睺羅。他比縛悉底年輕三歲，但卻和他一般高矮。雖然羅睺羅只是一個沙彌、一個初學者，但他穿的衣服卻和其他比丘的無異。羅睺羅走在縛悉底和盧培克中間，把手裡的缽交給盧培克，又把自己的雙手輕輕地搭在兩個新朋友的肩膀上。他從父親的口中已聽過很多關於縛悉底的事，所以對他已感到很熟絡。這兩兄弟也正陶醉在羅睺羅這股溫暖的情懷裡。

回到縛悉底的家中，佛陀便立刻邀請他加入僧團跟他修學佛法。十年前，縛悉底曾向佛陀表示他有意跟佛陀修學，而佛陀當時也曾答應會收他為徒。現在佛陀再回來，縛悉底已滿二十一歲了。佛陀並沒有忘記他的承諾。

盧培克拉著水牛回到牛主雷布爾莊主的住處，佛陀則坐在縛悉底屋外的一張小凳子上，比丘們都站在他的背後。泥土牆壁，茅草屋蓋，縛悉底的房子實在容不下所有的人。芭娜對縛悉底說：「哥哥，請你跟佛陀去吧！盧培克比你當初牧牛時還要健壯，我也已經可以打點房子的一切。你已經照

佛陀坐在縛悉底茅房外的小凳上。

顧我們十年多，現在該是我們照顧自己的時候了。」

媲摩坐在盛載雨水的大木桶旁邊，望著她的姊姊，一言不發。縛悉底看了看媲摩，她是一個非常可愛的女孩。縛悉底初遇佛陀的時候，芭娜只有六歲，盧培克三歲，媲摩則仍是個嬰孩。盧培克在門外玩泥沙，芭娜就替全家燒飯。

他們的父親死後六個月，母親也因分娩而去世，縛悉底雖然只有十一歲，便已經要當起一家之主。找到牧牛的工作後，縛悉底努力勤奮，使全家都得到足夠的食物糊口，有時他還可以帶一點水牛乳汁給小媲摩享用。

媲摩這時明白縛悉底想知道她的感受，於是她微微地笑了。再躊躇一會兒後，她輕聲地說：「哥哥，你就跟佛陀去吧！」她轉過頭來，想把眼淚藏起來。她曾聽縛悉底提起過無數次想跟佛陀修學的願望，她實在是真心想讓他去，但當這一刻即將來臨的時候，她又按捺和掩飾不住內心的悲傷。

這時，盧培克從村裡回來，剛聽到媲摩說的話，他就知道要分開的時候終於來了。他看著縛悉底，然後說：「哥哥，請你隨佛陀走吧！」這時，全屋寂靜無聲。盧培克將視線轉向佛陀，再說：「我尊敬的大人，希望您允許我的哥哥追隨您學習。我已經夠年長，可以照顧這個家了。」盧培克看著縛悉底，極力忍著淚水，又說：「不過，希望哥哥你請佛陀讓你有空時回來探望我們。」佛陀站了起來，輕撫著媲摩的頭髮，然後說：「孩子們，先吃一點東西吧，明天早

上，我會回來接縛悉底，然後一起去王舍城。今晚，我和比丘們會在菩提樹下度過一晚。」

佛陀走到木門前，又回過頭來對縛悉底說：「明天早上，你不用帶任何東西，身上穿著的衣服就已經足夠。」

那天晚上，他們四個兄弟姊妹談到深夜，縛悉底就像一個將要遠行的父親，爲他們作最後的叮囑，要他們互相關懷，好好照顧這個家。他輪流擁抱每一個弟妹，當小媲摩被哥哥緊緊地抱在懷裡時，她眞的無法再強忍眼淚，而低聲啜泣了起來。不過她很快又抬起頭來，深呼吸一下，然後望著哥哥微笑。她實在很不想讓縛悉底難過，暗淡的油燈光已足夠讓縛悉底看到她的笑容，他明白並感謝小妹妹的心意。

第二天清早，縛悉底的朋友善生也前來與他道別。她前一晚經過河畔時，是佛陀告訴她縛悉底將會出家，加入僧團的。其實善生認識佛陀也是在他未證道之前，善生比縛悉底大兩歲，是村長的女兒。她帶了一小瓶草藥送給縛悉底，但他們還沒有談上幾句話，佛陀和他的弟子就已來到了。

縛悉底的弟妹一早已經起來準備送行。羅睺羅與他們一一輕聲囑咐，鼓勵他們要堅強並互相照顧。他更承諾，每當他路經此地，必定會來優樓頻螺探訪他們。縛悉底一家人與善生跟著佛陀和比丘們一同走到河邊。就在這裡，他們全部合上掌來，向佛陀、諸比丘、羅睺羅及縛悉底道別。

縛悉底心裡感到既惶恐又喜悅，他緊張得胃裡打結，這

是他有生以來，第一次離開優樓頻螺。佛陀說過，要十天的
時間才會到達王舍城。平常人是可以走快一點的，但佛陀和
他的比丘們走得比較慢，而且十分從容。當縛悉底的步伐放
緩，他的心也跟著平靜下來。他現在已全心全意地投入了
佛、法、僧之中，而這就是他要走的道路。他再次轉過頭
來，深情地看了看他唯一熟悉的人和土地最後一眼，善生和
他的弟妹漸漸在他的視線中變成塵土般細小，溶入了樹林的
影子裡。

對縛悉底來說，佛陀的步行就是為享受步行而行的。他
似乎完全不在乎是否會到達目的地。他的比丘們也是如此，
沒有一個人呈現些微的緊張和不耐煩，或希望盡快到達目的
地，每個人的步伐都是那麼地緩和平穩。他們就像一起在寫
意地漫步，沒有一點疲態。而每一天，他們卻都可以走上一
段很長的路程。

每天早晨，他們都會到附近的村落中乞食。他們以佛陀
為首，排成一長列，縛悉底走在最後，緊貼羅睺羅背後。他
們步行時靜悄莊嚴，每一個步伐都專注地留意著每一個呼
吸。他們不時會停下來接受村民的供養，使他們有機會把食
物放進缽內。有些村民恭敬地跪在路旁，等候著供僧。當比
丘們接受食物時，他們都默默為村民誦經祝禱。

乞食完畢，他們就會慢慢離開村落，找一處樹蔭草坪坐
下來進食。他們圍成一個圈子坐下，然後小心地將食物分配

到每一個缽中。羅睺羅到附近的溪澗盛了一瓶清水回來，恭敬地拿到佛陀跟前。當佛陀合上雙手形成蓮花狀後，羅睺羅便把水慢慢倒在佛陀的手上，讓他清洗雙手。他同樣地依次給每人洗淨雙手，最後才輪到縛悉底。因為縛悉底還沒有他自己的缽，於是羅睺羅便把自己一半的食物放在一片大蕉葉上，分給他的好朋友。進食前，比丘們都合掌念誦，然後才默默地吃，留心注意著每一口食物。

進食後，一些比丘會修習行禪，另一些則修習坐禪，更有一些會午睡一會兒，等到日間最熱的時間過後，他們才又再次動身，繼續旅程，直至天黑。他們一邊走，一邊留意有什麼地方可以歇宿，而最理想的地方，當然就是那些不會受騷擾的森林了。每一個比丘都有自己的坐墊。他們多半是先跏趺靜坐半個晚上，才再鋪好衲衣，躺下來睡覺。每個比丘都有兩件衲衣，一件是身上穿的，另一件是用來避寒的。縛悉底像其他的比丘一般跏趺靜坐，又學會了用樹根作枕，睡在泥土地上。

當縛悉底第二天早上醒來，已看到佛陀和很多比丘都在平靜地禪坐著，他們全都散發著安詳和威嚴。太陽一出來，各人收拾好地上的衲衣，拾起缽，再次準備出發，開始一天的旅程。

就這樣日行夜息，他們走了十天才到達摩揭陀國的都城王舍城。這是縛悉底第一次見到城市。馬車在布滿房舍的街

道上疾馳而過，到處都迴響著喧鬧的歡笑聲，但比丘們的行列，就如他們在河邊和田間行走時一樣，依然是那麼平靜地緩步而行。幾個城裡的居民停下來看了看他們，又有幾個認得佛陀的，恭敬地作揖頂禮。比丘們繼續他們平和的步行，直至抵達位於城外的竹林精舍。

佛陀回來的消息很快傳遍寺院中，不到幾分鐘，近四百名比丘已齊集歡迎他的回來。佛陀沒有說太多，只是問問他們的近況和禪定的修習情形。他交代舍利弗照顧縛悉底，羅睺羅也是依止舍利弗的，他是寺院裡沙彌的主師父，負責指導超過五十位年輕的初學者，他們全部都是參加僧團未超過三年的。寺院的常住則是一位名叫憍陳如的比丘。

羅睺羅被安排指導縛悉底有關寺院的生活規儀，包括行住坐臥、與別人交往、修習行禪坐禪、細觀呼吸等。他又要教縛悉底怎樣穿衲衣、乞食、誦經和清洗他的缽。連續三天，爲了要好好學會這些，縛悉底沒有離開過羅睺羅身邊半步，羅睺羅也全心全意地教導縛悉底。不過，縛悉底知道自己若要把這一切做得自然、自在，非要多年的磨練不可。經過這一番基本指引後，縛悉底被舍利弗邀請到他的房子裡，講解有關比丘的戒條。

一個比丘離開家庭，是爲了要以佛陀爲師，以佛法爲開悟之道，以僧團爲修行上的支援。一個比丘的生活簡單純樸。乞食除了能助長謙卑之外，更成爲與外界接觸的機會，

藉此使一般人能體會到佛陀充滿愛心和瞭解的教導。

十年前，在菩提樹下，縛悉底和他的朋友已聽過佛陀解釋說，開悟之道就是愛與寬容之道，所以他現在很容易便領悟到舍利弗所說的。雖然舍利弗的外貌嚴肅，但他的目光和笑容都散發著無限的溫暖和慈悲。他告訴縛悉底將會舉行一個受戒儀式，來正式接受他加入僧團，他也同時教縛悉底背誦一些在儀式上要說的字句。

舍利弗自己是戒儀的主持，大概有二十多名比丘參與這個儀式。看到佛陀和羅睺羅在旁觀禮，令縛悉底倍添歡喜。舍利弗默念一首偈語後，便將縛悉底頭上幾撮頭髮剃下。接著，他把剃刀交給羅睺羅，讓他把縛悉底剩下的頭髮剃掉。舍利弗給縛悉底三件僧衣、一只乞缽和一個濾水器。因為經過羅睺羅的指導，縛悉底很輕易便將衲衣穿上，接著，他向佛陀及在場眾比丘頂禮，以表示他深切的謝意。

將近中午時分，縛悉底第一次正式以比丘的身分練習行乞。竹林精舍全部的比丘分成數個小隊，分別步往王舍城。縛悉底跟著舍利弗帶領的一隊。走出寺院不到數步，他就提醒自己，乞食也是修行的一種方法。他集中心念觀察著自己的呼吸，靜心留意前行的每一步，羅睺羅則走在他的後面。雖然縛悉底現在已是一個比丘，但他很明白自己的經驗比羅睺羅少得多，他真誠堅決地發心要好好地栽培自己內在的謙卑和美德。

「正如牧童知道要給他的水牛吃鮮草，比丘也知道修行四念處可以導致解脫。」

2

———

牧牛

這一天有點涼意。專注地吃過午飯後，每個比丘都將自己的缽洗淨，然後把坐墊放好，面向佛陀的方向而坐。竹林裡的松鼠紛紛穿梭於比丘之中，無拘無束，一些更爬到竹叢上，好奇地注視著群集的比丘。看見羅睺羅就坐在佛陀對面，縛悉底躡手躡腳走到羅睺羅身旁，放下他的坐墊。他倆一起跏趺而坐。在這平靜肅穆的氣氛中，沒有一人作響。縛悉底知道每個比丘都在細觀自己的呼吸，等著佛陀說話。

佛陀坐在竹台上，高度剛好使每個人都可看清楚他。他安詳地端坐那裡，威嚴的氣勢好比一頭獅王。注視著群眾時，他的眼光充滿慈悲。當佛陀看見縛悉底和羅睺羅，他就微笑著說：「今天我想告訴你們關於看顧水牛的工作——什

麼才是一個好的牧童應該知道和做到的。一個好好照顧水牛的孩子，應該很熟悉他看管的水牛。他會知道每一頭水牛的特徵和傾向、什麼時候要替牠們擦洗身體、怎樣料理牠們的傷口、怎麼用煙來趕走蚊蟲、給牠們找安全的路行走、愛護牠們、帶牠們過河時走水最淺的地方、給牠們新鮮的草和水、好好保養草原、又使年長的水牛給年幼的做好榜樣。」

「聽著啊，比丘們！正如牧童能認識他的水牛，一個比丘也應該認識他自己身體的每一樣元素。就如牧童知道每一隻水牛的特性和傾向，一個比丘也該知道哪些是身、口、意應該或不應該做的；又如牧童替水牛洗滌身體一樣，一個比丘應該清除他身心的欲念、執著、憤恨和恐懼。」

佛陀說話的時候，眼睛一直沒有離開過縛悉底，縛悉底也感覺到佛陀的話是對他而說的。他回想起多年前他坐在佛陀旁邊時，佛陀曾叫他描述照顧水牛的工作細節，怪不得在宮中長大的王子也懂得關於水牛的一切了。

雖然佛陀只用他一般的聲音說話，但他說的每個字都非常響亮，令人聽得清清楚楚，一字不漏：「就像牧童照料水牛的傷口，一個比丘也應該看管他的六根——眼、耳、鼻、舌、身、意，好使它們不會在散亂中迷失。就像牧童為了令水牛不被蚊子侵擾而生火弄煙，每個比丘也用他覺醒的教化使周圍的人能免除身心之苦。就像那孩童會找安全的路給水牛行走，每個比丘都避免那些會引起財、色、名等欲望的場

所，如酒館與劇院；又像那孩童愛護他的水牛一般，每個比丘都嚮往和珍惜禪坐的平和；就如那孩童會找淺水和安全的地方給水牛過河，一個比丘也會倚仗『四聖諦』來作為他今生的嚮導；又如那孩童去找新鮮的水和草給水牛作糧，一個比丘也知道『四念處』是可導致解脫的資糧；像那孩童知道不應該過度的在草原上放牧水牛，一個比丘也同樣地知道，當他乞食時，必定要小心與鄰近居民保持良好的關係；像牧童讓年長的水牛給年幼的做榜樣，一個比丘也會依賴長老們的智慧和經驗以為借鏡。比丘們，如果每個比丘都依著這十一點去修習，六年的時間就足以成就阿羅漢果位。」

縛悉底聽得有點驚奇。佛陀不只能全部記得他十年前所告訴他的，而且更把每一細節都套用到比丘的修行上去。雖然縛悉底知道佛陀是向在座眾比丘說法，但他亦同時覺得佛陀這番話是特別對他而說的。這個青年的雙眼，沒有一刻離開過佛陀的面孔。

佛陀所說的教誨，每個人都會緊記在心。當然，縛悉底對一些如「六根」、「四聖諦」、「四念處」等名詞還未能瞭解，但他稍後將會請問羅睺羅這些名詞的意思。佛陀主要所說的，他大致都明白。

佛陀繼續說下去，他告訴大家如何選擇安全的路給水牛行走。如果路途是滿布荊棘的，水牛很容易會被刺傷，又如果牧童不懂得怎樣料理傷口，他的水牛就可能會病倒或死

亡。修行也是一樣，如果一個比丘沒有找到正確的途徑修行，他的身心就會受到損傷。貪心和瞋心之毒會感染他的傷口，讓他在開悟之道上受到障礙。

佛陀停了下來，他示意縛悉底過來站在他的身旁。縛悉底合掌站著時，佛陀就微笑著向大家介紹說：「十年前，當我還未成道時，我在伽耶附近的森林遇到縛悉底，他那時才十一歲，是他替我收集姑尸草來造菩提樹下的坐墊，我是從他那裡學到這麼多關於水牛的知識的。我知道他曾是一個很好的牧童，我也知道他將會是一個很好的比丘。」

每個人的眼光都集中在縛悉底身上，令他感到面紅耳赤。所有的人都向他合掌鞠躬，而他也鞠躬以作回敬。在法會結束之前，佛陀請羅睺羅朗誦出觀想呼吸的十六個法門。合上雙手站著，羅睺羅把每一個方法都念誦得清脆如鈴聲。念完後，他向眾人鞠躬，而佛陀則站起來慢慢地走回他的房舍。接著，其他的比丘也各自收拾好他們的坐墊，回去他們在森林裡的原位。一些僧人是睡在房子裡的，但很多都會在戶外的竹叢下禪坐。真正下大雨時，他們才會回到講堂或宿舍裡。

縛悉底的師父舍利弗已安排他與羅睺羅一起分用戶外的一個地點。羅睺羅年幼的時候，是跟他的師父住在室內的，但現在他有了自己在樹下的地方，而縛悉底很高興能與羅睺羅一起修行。

　　下午集體坐禪之後，縛悉底獨自修習行禪，他故意找一條偏僻的小徑以免與別人相遇，但他仍發覺，自己很難集中在呼吸上，他的腦子裡全充滿了對弟妹和故鄉的思念。通往尼連禪河小徑的影像不停地浮現在他的腦海，他看見媲摩低頭掩淚，又看見盧培克一個人孤獨地看著雷布爾莊主的水牛。雖然他已設法把這些影像忘掉，盡量集中在呼吸上，但它們不斷浮現，使他不知如何是好。他頓時感到非常慚愧，深覺自己辜負了佛陀對他的信任與期望。他認為行禪後他一定要去請教羅睺羅，他相信羅睺羅必定可以同時為他解答當天早上法會中他尚未完全明白的幾點疑惑。單是想起羅睺羅，縛悉底已感到比較振奮和安心了。他現在覺得可以隨著呼吸慢慢地踏步了。

　　縛悉底仍沒有機會找羅睺羅，但羅睺羅卻剛好來找他。他帶著縛悉底到竹叢底下坐著，說道：「中午時我遇到阿難陀尊者，他很想知道關於你初次遇見佛陀的經過。」

　　「誰是阿難陀尊者？」

　　「他是釋迦族的一個王子，是佛陀的堂弟。他七年前加入僧團，現在已是佛陀的首座弟子之一，佛陀十分喜愛他。他負責照料佛陀的起居和健康。他請我們明晚去他的房舍一聚，我也很想聽聽關於佛陀住在伽耶森林時的事。」

　　「佛陀沒有告訴你嗎？」

　　「有，不過不是很詳細。你一定有更多可以告訴我的。」

「其實沒有太多，不過我會將全部我所記得的都告訴你。羅睺羅，請你告訴我阿難陀尊者是怎樣的人，我實在有點緊張。」

「不用擔心，他非常和靄可親。當我告訴他有關你和你的家人時，他十分高興。明早我們就在這裡集合，一同到外面化緣，好嗎？現在我要先去洗我的衲衣，以便明天可以穿。」

羅睺羅正想離開時，縛悉底輕輕拉了一下他的搭衣，問道：「你可以再留一會兒嗎？我還有一些問題想問你。今早佛陀說關於比丘們應跟隨的十一樣要點，我已忘記了一些，你可以為我重複一遍嗎？」

「可是我自己也只記得九樣。別擔心，我們明天可以問阿難陀。」

「你肯定阿難陀尊者會全記得？」

「我肯定！就算是一百一十樣，阿難陀也一定記得。你有所不知了，阿難陀的記憶是人人讚歎的。他的記憶力非常神奇，可以全無錯漏地把佛陀說過的全部複誦出來。這裡的每個人都說，他是佛陀弟子中最多聞的一個，所以任何人忘記了佛陀所說的，都會來找阿難陀。有時，這裡的人更會舉辦一些研讀班，請阿難陀尊者替大家重溫佛陀的基礎教義。」

「那我們真是幸運，就等明天再問他吧！不過我還有一

件事要問你——你在行禪的時候是怎樣讓心境平靜的？」

「你是說在行禪的時候有很多雜念嗎？是不是思念家鄉的念頭？」

縛悉底雙手緊握著羅睺羅的手，說道：「你怎麼會知道的？這正是我的情形！我真不明白為什麼我今晚會這麼想家。自己不能堅決修行，我感到非常難受。我覺得對你和佛陀都有歉意。」

羅睺羅對他微笑說：「不要自責，我最初跟隨佛陀的時候，也很掛念我的母親、祖父和姨母。不知多少個晚上，我曾獨自埋頭痛哭。我知道母親、祖父和姨母也是同樣惦念著我，但過了一些日子，就會比較好一點了。」

羅睺羅扶縛悉底站起來，給他一個友善的擁抱。

「你的弟妹都很可愛，思念他們自然是難免的，不過，你很快就會適應你的新生活，這裡有很多事要做，我們又要修行，又要讀書。聽著吧，一有機會，我便會告訴你關於我家人的事，好嗎？」

雙手緊握著羅睺羅的手，縛悉底點了點頭，接著，他們便分開了。羅睺羅去洗他的衲衣，而縛悉底則找了一柄掃帚清掃路上的竹葉。

3

滿滿的姑尸草

　　睡覺之前，縛悉底坐在竹樹下回顧他初遇佛陀的幾個月。那時他只有十一歲，母親又剛去世，留下他照顧三個小弟妹。因為最小的妹妹還是個嬰孩，所以連乳汁也沒得喝，幸好村內有個叫雷布爾的莊主顧用縛悉底替他看顧三隻大水牛和一隻小乳牛，縛悉底才可以天天帶牛奶回家給小妹妹吃。他非常細心地看顧水牛，因為他知道這份工作可讓他的弟妹不會挨餓。自從他的父親死後，他們的屋蓋就沒有再搭過新的。每次下雨，盧培克就會被弄得團團轉，忙著把石罈子搬到漏水的位置去接漏下來的雨水。芭娜當時只有六歲，但已懂得燒飯、照顧妹妹和收集林中的柴木。雖然她其實也只是一個小孩，卻已懂得搓麵粉，烘焙烙餅給大家吃。對他

們來說，可以買一點咖哩粉是非常罕有的事。每當縛悉底拖著水牛回到牛房時，雷布爾廚房中傳出來那誘人的咖哩香味，往往令他垂涎三尺。自從父親死後，烙餅沾上咖哩肉汁似乎已成了遙不可及的奢侈佳餚。他們的衣服只比爛布好一點，縛悉底的下身用一塊殘破的布裹著，天氣寒冷時，他就加搭一塊棕色的舊布在肩膀上。這塊布雖然已殘舊褪色，但對縛悉底來說，卻是非常珍貴的。

縛悉底需要找些好的地點放牧水牛吃草，他知道如果水牛餓著肚子回牛房，雷布爾莊主是會打他一頓的。除此之外，他還要帶一大把青草回去，讓水牛晚上在牛房裡也有草吃。如果夜間的蚊子太多，他就要燃起火來，用煙去趕走牠們。莊主每三天以米、麵粉和鹽給他作酬勞。有時，縛悉底會帶幾條他在尼連禪河捉來的魚回家給芭娜煮作晚餐。

一天中午，縛悉底洗過水牛和割了草後，很想在清涼的樹林中寧靜一下。放了水牛在林邊吃草，他便在四周尋找一棵可以倚著坐的大樹。突然，他停了下來。離他不到二十尺的畢波羅樹下，竟有一個男子默默地在那兒坐著。縛悉底從未見過一個坐得更好看的人。這男子的背部十分挺直，而他的雙腳則安然的放在大腿上。他的坐姿是那麼平穩沉著，就好像是有特別意思似的。他的雙眼閉上一半，而他微蜷的手掌就輕放在大腿上。他身上搭著一件黃色的袍，赤著一邊肩膀，全身都散發著平和、恬靜和威嚴。就只望他一眼，縛悉

底已感到一陣奇妙的清新。他心懷顫動，不明白自己為何竟會對一個素未謀面的人產生這樣特別的感覺，但他依然心存敬意地呆立在那裡良久。

那男人終於張開眼睛。當他放開雙腿輕輕按摩著腳跟和腳底時，仍未察覺到縛悉底。慢慢起來後，他開始步行。因他是背著縛悉底而行，所以仍沒有看見他。縛悉底默不作聲地觀看這人緩慢但卻全神貫注的步伐。大概走了七、八步左右，這個男人才轉過身來。這時，他看見縛悉底了。

他對這個男孩展顏微笑。從來沒有人這樣殷切地跟縛悉底招呼過，如同被一股無形的力量驅使，縛悉底直奔向他。但當縛悉底走到離他數尺時，卻突然停了下來，因為他這時才想起自己是不可以接觸任何比他高貴的人的。

縛悉底是賤民，他不屬於四姓階級中的任何一姓。他父親從前曾對他解說過，「婆羅門」是最高貴的階級。所有出自這個種姓的都是祭師或熟讀《吠陀》及各類經典的教士。大梵天初創人類時，婆羅門是從祂的口中而生。次級是「剎帝利」。他們都是軍政界的高層人士，是從大梵天的兩手而出。接著便是「吠舍」種姓。他們是指一般商人、農夫和工匠等，是從大梵天的大腿而出。最低級便是「首陀羅」，他們是從大梵天的雙腳而出，以勞力維生。但縛悉底的一家則是連階級也沒有的賤民，他們被指定要在村外一些規定的地方居住，而且所做的工作都是最低賤的，如收垃圾、施肥、

掘路、餵豬和牧牛。每個人都要接受自己出生時的階級。他們的聖典教人一定要接受自己的階級才會得到快樂。

如果一個像縛悉底的人碰觸到階級比他高的人，他一定會被責打的。在優樓頻螺的村裡，便曾經有一個賤民因碰到一個婆羅門的手而被毒打一番。對婆羅門和剎帝利來說，碰觸到賤民是一種污染，他們需要回家絕食克己數星期來清潔自己。每當縛悉底拉水牛回家時，他總會盡量避免走近任何高階級的人或莊主的家門，所以他認為水牛也比他幸運，因為婆羅門可以觸摸水牛而不覺得有所污染。就算是高階級的人自己不小心碰到賤民，後者也一樣會被毫不留情地痛打一頓。

縛悉底眼前站著的是一個極具吸引力的男子，而他的風度舉止也很明顯地告訴縛悉底他們是不同身分的。這樣一個和藹慈祥的人當然不會打他，但縛悉底只怕自己如果碰到他，會使他有所污染。這就是縛悉底走近他時突然停下來的原因。看見縛悉底的畏縮，那人自動上前。為免與他碰到，縛悉底退後了幾步，但說時遲那時快，那男子已伸出左手抓住了縛悉底的肩膀，又同時用右手在他頭上輕拍了一下。縛悉底怔住了，從來沒有人這樣溫柔和親切地在他頭上觸摸過，他又忽然感到惶恐。

「孩子，不用害怕！」那人帶著給他信心的語氣，輕聲地說。

聽到他的聲音，縛悉底的恐懼完全消失。他抬起頭來，凝望著那慈祥和包容的微笑。再躊躇一會兒，縛悉底吞吞吐吐的說：「大人，我很喜歡你。」

那人用手輕輕托起縛悉底的下巴來，望著他的眼睛說：「我也很喜歡你。你住在附近嗎？」

縛悉底沒有回答。他把那男人的左手放到他自己的雙手裡，然後問他心裡感到極困惑的問題：「我這樣觸摸你，你不覺得是污染嗎？」

那人搖著頭笑了起來。「當然不覺得。孩子，你是人，我也是人啊！你不可能污染我的。不要聽信這樣說的人。」

他拖著縛悉底的手一同走到林邊。水牛正在安靜地吃草。那人又望著縛悉底說：「你是看顧水牛的嗎？這些草一定是你給他們割下來的晚餐了。你叫什麼名字？你的房子在附近嗎？」

縛悉底很禮貌的回答道：「對啊，大人，是我看顧這四隻水牛和這隻小乳牛的。我名叫縛悉底，就住在對岸優樓頻螺村外。請問大人可否告訴我你的名字和住處？」

那人慈祥的答道：「當然可以。我叫悉達多，我的家離這裡很遠，但我現在住在森林裡。」

「你是一個修行者嗎？」

悉達多點頭。縛悉底知道修行者通常是居住在山中靜修的。

雖然他們才剛剛相識，又談不上幾句話，但縛悉底已覺得與這個新朋友有一份特別親切的感情。住在優樓頻螺以來，從未有人對他的態度如此友善、說話如此熱誠。他的內心充滿喜悅，令他很想把這份快樂表達出來。如果他有一份禮物可以送給悉達多，那就好極了！可惜他的口袋裡連一塊蔗糖或冰糖都沒有，更何況是銅錢呢！雖然他沒有什麼可以奉獻，但他仍鼓起勇氣地說：

「先生，我很想送你一點東西，但我什麼都沒有。」

悉達多對縛悉底笑笑，說道：「你其實有。你有一些我很喜歡的東西。」

「我有？」

悉達多指著那堆姑尸草。「你給水牛割的草又香又軟。如果你可以給我幾撮來造一個坐墊讓我在樹下靜坐時用，我就非常高興了。」

縛悉底的雙眼發亮。他立即跑到那草堆，用他兩隻瘦瘦的手臂拿了一大把草來送給悉達多。

「這是我剛在河邊割來的，請你收下吧！我可以再多割一些給水牛。」

悉達多合上雙手形成蓮花狀，收下了這份禮物。他說：「你是個仁慈的孩子，我多謝你。現在快去再割些草給水牛吧，不要等到太晚了。如果可以的話，明天請再來森林找我吧！」

縛悉底將一把姑尸草贈送給悉達多作坐墊。

　　年輕的縛悉底俯首作別，然後站在那兒看著悉達多在林樹中消失。他拾起鐮刀朝河邊方向走，心中充滿無限的溫馨。那時正是初秋，姑尸草仍非常柔軟，而他的鐮刀又剛磨利過。不到多久，縛悉底又已捧著滿臂姑尸草了。

　　縛悉底拉著水牛，帶牠們走過尼連禪河水最淺的地方，回雷布爾家去。小乳牛似乎仍不想離開沿岸甜美的青草，一路上要縛悉底哄著走。縛悉底肩上的草並不很重，涉著水，他和水牛一起過河。

4

受傷的天鵝

　　第二天清早，縛悉底又帶著水牛去吃草。到中午，他已經割了滿滿兩籃子的草。縛悉底喜歡讓水牛在近樹林的一邊河岸吃草。這樣，他便不需要擔心水牛闖入人家的稻田；而割完草後，他就可以安心的躺下來，在涼風中舒展一下。他唯一帶著的就是他賴以謀生的一把鐮刀。縛悉底打開芭娜給他包在蕉葉裡當午餐的小飯糰，正當他準備吃的時候，他想起了悉達多。

　　「我可以拿這飯糰給悉達多，」他想。「他一定不會嫌棄吧。」縛悉底再包好飯糰，留下水牛在林邊吃草，然後沿著小徑去找前一天遇到悉達多的地方。

　　他從遠處看見他的新朋友坐在那棵巨大的畢波羅樹下。

但那裡不只悉達多一個人，他前面坐著一個穿白色紗麗（saris，印度婦女紗服），與縛悉底年紀相若的女孩。看見他前面已放著一些食物，縛悉底立即停了下來，但悉達多抬頭向他叫喚，更示意他上前來加入。

　　那女孩子看了看他時，縛悉底認出曾多次在村路上遇過她。當縛悉底走近時，她便向左邊移一點，而悉達多則示意他在那裡坐下來。在悉達多前面有一片蕉葉，上面放著一團飯和一些芝麻鹽。悉達多把飯糰分成了兩份。

　　「孩子，你吃過飯了嗎？」

　　「先生，我還沒有吃。」

　　「那我們一起吃這個吧！」

　　悉達多把一半的飯給縛悉底。縛悉底合掌作謝，但不肯接受。他掏出自己的小飯糰，然後說：「我也帶了一些來。」

　　打開蕉葉，可以看到那褐色的糙米飯和悉達多的白米飯很不相同，縛悉底的蕉葉上更沒有芝麻鹽。悉達多對兩個小孩微笑著說：「我們把兩種飯放在一起，一同分吃好嗎？」

　　他拿了一半白飯，沾上一些芝麻鹽，再把它遞給縛悉底。接著，他又捏破了縛悉底的飯糰，然後拿了一些來吃得津津有味。雖然縛悉底覺得有點害羞，但看見悉達多吃得那麼自然，他也就開始吃了。

　　「先生，你的飯很香啊！」

悉達多、縛悉底和善生於專注中共膳。

「是善生帶來的，」悉達多回答。

「原來她的名字叫善生。」縛悉底這樣想。她比縛悉底年長大約兩三歲，她那黑色的大眼睛亮閃閃的。縛悉底放下食物，說：「我曾在村裡的路上見過你，但我不知你叫善生。」

「對啊，我是優樓頻螺村長的女兒。你的名字叫縛悉底，對嗎？悉達多師父剛才正告訴我關於你的事。」她溫柔地說，「但是，縛悉底，其實稱呼一個僧人，應該叫他『師父』，而不是『先生』。」

縛悉底點了點頭。

悉達多笑笑。「那麼我就不用替你們介紹了。你們知道我為什麼吃食物時不語嗎？每粒米和芝麻都是那麼珍貴，我很想靜靜地去真正欣賞它。善生，你吃過糙米飯嗎？就算是吃過，也請你試試縛悉底帶來的。它的味道其實很不錯啊！我們現在先靜靜地吃飯，吃完之後，我會給你們說一個故事。」

悉達多拿了一點糙米飯給善生。她合掌如蓮花，然後恭敬地接了過來。他們三個人就在深幽的樹林裡默默地吃著。

全部的飯和芝麻鹽都吃完後，善生便把蕉葉收拾起來。她從身旁拿了一壺水出來，把一些水倒進了她帶來的唯一一隻杯子裡，為悉達多奉上。他雙手接過來後，卻轉送給縛悉底。縛悉底受寵若驚，衝口而出：「請先生，我的意思是師

父，請您先喝吧！」

悉達多輕聲回答道：「孩子，你先喝吧！我想讓你喝第一口。」他再次給縛悉底那杯水。

縛悉底雖然感到困惑，但對這很不習慣的榮幸，又不知如何推辭。他只好合掌接過水杯，然後一口氣把水喝光。他把杯子交回給悉達多，而悉達多又叫善生再倒了另一杯水。倒滿了後，他把水慢慢地送進嘴裡，恭敬而又極度欣賞地飲用。善生的眼睛一直沒有離開過悉達多和縛悉底這相互交流的情景。悉達多喝完水後，又再次叫善生倒第三杯水，這杯他給善生喝。善生放下水壺，合上掌來接過這杯水。接著，她把水杯放到唇邊，就如悉達多般慢慢地一點點喝下去。她心裡知道這是她第一次與賤民用同隻一杯子喝水。但如果她的師父悉達多也這樣做，她又何嘗不可呢？況且，她也意識到自己完全沒有受污染的感覺。自然而然地，她伸手去觸摸這牧童的頭髮。這一下子來得那麼突然，縛悉底實在沒有時間閃避。喝完水後，善生便把杯子放在地上，向她的兩個同伴微笑。

悉達多點頭說道：「孩子們，你們都已經明白了，人生出來是沒有階級的，每個人的淚水都是鹹的，就如同每個人的血也都是紅色的。把人分成不同階級而對他們有偏見是不對的。我在靜定中看得非常清楚。」

善生很認真地說：「我們既然是您的弟子，當然相信您

所教的，但這個世界上似乎沒有其他人像您這樣的。他們全都相信首陀羅和賤民是從造物主的腳底而生，經典上也是這樣說，根本沒有人敢作別的想法。」

「我知道。但無論他們相信與否，真理始終是真理。就算有百萬人相信一個謊言，它始終是個謊言。你們一定要有勇氣依著真理而活。讓我告訴你們我童年時發生的一件事。

「九歲那年的一天，我正獨自在花園裡散步。忽然，一隻天鵝從天上掉下來，跌在我面前的地上，痛苦地掙扎。當我走近時，才發覺牠的一隻翅膀被箭射中。我急忙把箭拔出來，血水從那傷口流出，天鵝慘叫起來。我把手指按在傷口上止血，然後抱著牠入宮中找孫陀莉公主，她答應我會找一些藥草來替鳥兒療傷。我看見天鵝不停地顫抖，便脫下外套把牠裹著，再把牠放到宮裡的火爐旁邊。」

悉達多停了下來看著縛悉底說：「縛悉底，我還未告訴你，我年幼時是個王子。我父親是釋迦王國的淨飯王，善生已經知道這些了。當我正準備去找些飯給天鵝吃的時候，我八歲的堂弟提婆達多從外面衝進來。他手裡抓著弓箭，很興奮地問道：『悉達多，你有看到一隻白色的天鵝掉在這附近嗎？』

「我還來不及回答，他已看到火爐旁的天鵝了。他正想跑過去時，我攔住了他。

「『你不能帶走牠。』我說。

「我的堂弟抗議著：『那隻鳥兒是我的，我親自射中牠的。』」

「我站在提婆達多與天鵝中間，不准他帶走鳥兒。我告訴他：『鳥兒受了傷，我是在保護牠。牠要留在這裡。』」

「提婆達多十分頑強，繼續辯說：『聽著吧，堂兄。這鳥兒在天空時並不屬於任何人，但我從天空中把牠射了下來，牠就應該屬於我。』」

「他似乎說得很有道理，但他實在令我很氣憤。我知道他的道理有不是之處，但一時間又說不出是什麼。我當時只有站在那裡，一言不發，心中卻愈激動。我真的很想打他一拳，但不知道為什麼我又沒有那樣做。就這樣，我突然知道怎麼回答他了。」

「我說：『你聽著吧，堂弟。只有那些互相愛護的人才一起共處，敵對的人是應該分開的。你想殺這隻天鵝，所以你是牠的敵人。牠是不可能跟你在一起的。我救了牠、替牠包紮傷口、給牠溫暖、又正準備給牠食物。我們互相愛護，應該在一起。這鳥兒需要的是我，不是你。』」

善生拍起掌來，「對！你說得對！」

悉達多看看縛悉底。「孩子，你覺得我說得怎樣呢？」

縛悉底想了一陣，慢吞吞地答道：「我認為你是對的，但很多人一定不同意。他們會同意提婆達多。」

悉達多點頭同意。「你說得對。多數人的看法都跟提婆

達多的一樣。」

「讓我告訴你接下來發生的事。因爲我們始終無法達成共識，於是便去找長者替我們解決。那天剛巧在皇宮內有一個官府的會議在舉行，於是我們便跑到會議的地點『公正會堂』來找他們。我抱著天鵝，而提婆達多則仍抓著他的弓箭。我們把問題陳述出來，又請他們評個公道，政事也因此擱了下來。他們先聽提婆達多的解釋，然後才聽我的。之後，他們磋商了很久，但還作不了決定。多數人似乎都偏向提婆達多那一方，但當我的父親突然咳了數聲之後，所有的大臣全部都沉默了下來。接著，說也奇怪，他們都一致同意我的道理而決定把鳥兒給我看管。提婆達多雖然非常氣惱，但也無可奈何。

「天鵝是給了我，但我並不快樂。雖然我年紀還小，但我知道這次的得勝並不光榮。他們是因爲想讓我的父親高興才這樣決定的，他們並不是看到我道理中的眞諦。」

「那眞可惜。」善生皺著眉說。

「對啊！但當我想起鳥兒可以安全，我又覺得安慰了。至少我知道牠不會被放進煮鍋裡。」

「在這個世界上，太少人用慈悲心去看事物，因此他們對大家殘忍無情，弱者往往被強者壓迫欺負。我現在仍覺得我那天所說的是對的，因爲那是出自愛心和諒解。愛心和諒解可以減輕眾生的痛苦，無論大多數人怎樣看，眞理始終是

真理。所以我現在告訴你們，能站起來維護正義真理是需要很大的勇氣的。」

「那隻天鵝後來怎樣了？」善生問。

「我照顧牠整整四天，直到牠的傷勢復原了，我才把牠放了。我更叮囑牠要飛到遠處，以免再被射下來。」

悉達多看見兩個孩子的表情都是那麼沉重。「善生，你該回家了，不要令你母親掛慮。縛悉底，也該是你回去看看水牛和多割一點草的時候了，對嗎？昨天你給我的姑尸草成了我禪坐的最佳坐墊。我昨晚和今早都用了它，靜坐時非常平靜，又清晰地看到很多東西。縛悉底，你真的幫了我不少忙。等到我的體悟更深時，我會和你們倆分享禪坐的果實，現在我要繼續坐下去。」

縛悉底看著悉達多坐著的草墊。雖然那些草堆得很紮實，但縛悉底知道它仍然又香又軟。他打算每三天便帶一些新鮮的草前來，給師父造另一個坐墊。縛悉底站起來，和善生一起合掌向悉達多鞠躬。善生回家去了，縛悉底也帶著他的水牛往沿岸的遠處繼續吃草。

「孩子，請多給我一點乳汁。」

5

一碗乳汁

　　每天，縛悉底都會到森林裡去探望悉達多。如果他到中午已割足了兩捆草，他那天就會和悉達多一起吃午飯。但持續的乾旱季節使鮮草變得日益稀少，所以縛悉底常常要到下午才可以探望他的朋友兼老師了。如果縛悉底到的時候，悉達多正在禪坐，他就會在旁邊靜靜地坐一會兒，然後毫不打擾地悄悄離開。但如果他剛好遇到悉達多在林徑上漫步，他就會與悉達多一起步行並淺談。縛悉底常會在樹林中遇到善生。她每天都會帶一團飯和一種如芝麻鹽、花生或咖哩的配料給悉達多。除此之外，她又會帶給他乳汁、粥水或冰糖。這兩個孩子有很多機會在林邊一面傾談，一面看著水牛吃草。有時，善生會帶一個與縛悉底同年紀的女朋友普莉婭同

來。縛悉底也很希望帶他的弟妹來與悉達多會面。他相信小弟妹們如果在最淺水處過河，是肯定沒問題的。

善生告訴縛悉底她現在每天都會在午間帶食物來，又細說數月前遇到悉達多的經過。那天是月圓之日，她的母親叫她穿上一條粉紅色的新裙子，然後拿一盆食物去拜祭森林之神。那些食物包括糕餅、乳汁、稀飯和蜜糖。正午的烈陽高照。當善生走近河邊時，赫然發現一個男子昏迷路旁。她立刻放下食物跑過去，只見那男子雙目緊閉，只剩下微弱的呼吸。他凹陷的雙頰顯示他已很久沒有進食了。從他又長又亂的鬚髮，可以知道他必定是個因過度飢餓而暈倒的深山苦行者。毫不猶疑地，她倒了一碗乳汁，一點點地讓它滴下那男子的唇間。他起初一點反應也沒有，但一會兒，他的嘴唇開始顫動，微微張開。善生再倒入一些乳汁到他的口裡。接著，他開始自己進食，直到將整碗乳汁喝得一滴不剩。

善生於是坐在岸邊等著，想看看他是否會甦醒過來。不久，他真的慢慢地坐起來，張開眼睛。看見善生，他微微地淺笑。他伸手把衣服重新拉上來搭在肩膀上，然後盤腿蓮坐，開始下意識地呼吸，由淺而深。他的坐姿既平穩又優美。善生以為他必是山神，於是便合掌俯身，向他膜拜。看見這樣，他立即示意善生停止。善生坐起來後，他便用微弱的聲音對她說：「孩子，請多給我一些乳汁。」

聽到他說話，善生非常高興，並再給他一碗乳汁；而他

又很快把它喝光了。他明顯地感覺到乳汁給他補充的養份。不到一小時之前，他還以為自己已經沒命了。現在他的眼睛已明亮起來，臉上也帶著溫柔的微笑。善生問他為何會暈倒在地上。

「我本來是在山中修行禪坐的。苦行使我的身體逐漸變得衰弱，於是我打算今天步行入村中乞一點食物來吃，但走到這裡，我已體力耗盡。全靠你，我的性命才得以保存。」

一起坐在河畔，那男子告訴善生他的身世，他是釋迦族國王之子悉達多。善生細聽著悉達多說：「我現在知道，折磨自己的身體是無助於找到安寧或體悟的。肉體並不單是一個器具。它是精神的廟宇、到彼岸的木筏。我不會再修習苦行了，我會每天早上到村裡乞食。」

善生合掌說道：「值得尊敬的修行者，如果您允許的話，我會每天帶食物來給您。您沒有必要打斷您的靜修啊！我家就在附近，我知道我的父母也很樂意讓我這樣做。」

悉達多初時默然不語，接著，他答道：「我很高興接受你的供養，但我有時也會到村裡乞食以便與村民結識一下。我也希望可以和你的雙親及村中其他小孩子見面。」

善生十分高興，她合起掌來作揖道謝。悉達多能到她家裡與她的父母會面實在是太好了。她也知道每天帶食物來完全不是問題，因為她的家庭是村中的首富之一。她只知道這個僧人是非常重要的，供養他的利益比拜祭那些山神多出很

多倍。她覺得如果悉達多的禪定加深之後，他的愛心和體悟將會幫助這個世界消除苦難。

悉達多指著彌多落迦山上他住過的洞穴。「從今天開始，我不會再回到那裡去了。這裡的森林清新涼快，我以後會在那棵巨大的畢波羅樹下修行。明天你帶食物來的時候，請去那裡找我吧！來，我帶你到那兒看看。」

悉達多領著善生越過尼連禪河到對岸的樹林去，他又帶她去看那畢波羅樹。善生被那龐大的樹幹吸引住了，她抬頭凝視著那散開像巨篷般的枝葉，它是屬於菩提樹的一類，心形的樹葉拖著又長又尖的尾巴，每片樹葉都如善生的手掌般大。她聽著鳥兒在樹枝上雀躍的叫聲，這確實是一個平和清新的地點。其實，她以前和她的父母已來過這裡拜祭山神。

「師父，這是您的新家。」善生又圓又大的黑眼睛望著悉達多，「我會每天來這裡見您。」

悉達多點頭，然後陪善生走出森林，到河畔才分手。接著，他獨自回到畢波羅樹下。

從那天起，善生每天在中午之前便會帶米飯或烙餅來供僧。有時，她還會帶些乳汁或粥水。每隔一段時間，悉達多便會自己帶著缽步行到村裡乞食。他見過善生的父親，即村長，和她穿著黃色紗麗的母親。善生介紹她認識村裡其他的小孩，又帶他到理髮店去剃鬚剃髮。悉達多的健康復原得很快，又告訴善生他的禪修已開始有果實。之後，善生就遇到

縛悉底了。

　　當天善生早到了一些。她聆聽著悉達多告訴她前一天與縛悉底的偶遇。正當她說她希望能與縛悉底會面時，縛悉底剛好出現了。日後每次遇到縛悉底，她都會問起縛悉底家人的近況。她更與她的僕人布嚕那去過縛悉底的茅舍。布嚕那是善生家中雇用來代替因患傷寒死去的雷丹的。善生每次來時，都會帶些仍很耐用的舊衣服給縛悉底的弟妹。當布嚕那見到善生把小媲摩抱起來時，她十分驚訝。善生則會告誡布嚕那，不要告訴她的父母她曾抱過賤民的小孩。

　　一天，一群小孩決定要一起去探望悉達多。縛悉底的全家也都來了。善生帶了她的女朋友芭娜崛多、勝莎娜、優露維莉凱和生莉凱。善生又請了她的十六歲堂姊難陀芭娜，又帶了她的兩個弟弟，十四歲的那勞卡和九歲的善柏錫。十一個孩子呈半圓形圍著悉達多而坐，全部默默地一起吃著午飯。縛悉底在這之前曾教過芭娜和盧培克吃飯時要肅穆勿語。就連坐在縛悉底大腿上的小媲摩，也只是張著大眼睛，一聲不響地吃著。

　　縛悉底帶了一大把鮮草給悉達多。他叫了另一個牧童加范培帝替他看顧著雷布爾莊主的水牛，好讓他可以跟悉達多吃午飯。太陽的烈焰直射到田裡，但在樹林中，悉達多和孩子們在畢波羅樹蔭下都感到清新涼快。樹上的枝葉擴佔了大約十數間房子的面積。孩子們分吃著食物，而盧培克和芭娜

特別欣賞烙餅與咖哩汁，和沾上花生或芝麻鹽的白飯。善生
和芭娜崛多帶了足夠的水給每個人飲用。縛悉底心裡的快樂
有如泉湧。四周的環境雖然恬靜，但喜悅的氣息卻令氣氛生
動起來。就在這天，縛悉底懇請悉達多講述他自己的故事，
從開始到結束，每個孩子都聽得陶醉入神。

6

蒲桃樹下

悉達多九歲那年，才知道他出生之前他母親所做過的夢。夢中，一隻六牙大白象，在一片美妙的讚歌聲中從天而降。當這隻雪白的大象向她走近時，牠把鼻子上捲著的一朵粉紅色蓮花放進王后的體內。接著，那大白象自己也全不費力地進去了，而王后亦頓時感到一陣輕快和愉悅。這種感覺告訴她，一切憂悲苦惱將不再屬於她。醒來時，她感到前所未有的喜悅，起床後，夢中的天樂仍在她的耳邊迴響。她告訴丈夫這個夢時，國王也嘖嘖稱奇。那天早上，他召集城內所有的有道之士入宮替她解夢。

聽完夢的內容，他們回應道：「陛下，王后將會生一個兒子，日後必成為偉大的領袖，註定會是一個統治天下的賢

能君主，或是一個能顯示真理之道給天地眾生的偉大導師。陛下，世間對出現這樣一個偉人實在期待已久了。」

淨飯王喜上眉梢，與王后磋商後，便下令把宮內儲存的糧食分派給全國上下的老弱殘疾。這一來，全釋迦王國內的民眾都分享著國王與王后有關未來太子的喜訊。

悉達多的母親名叫摩訶摩耶。除了賢良淑德之外，她的愛心更是遍及所有眾生──包括人、動物和植物。當時的習俗是女性要回娘家待產的。因摩訶摩耶的家鄉在拘利，她便起程前往拘利的都城羅摩村，途中，她在藍毘尼園停下來休憩。這裡的園林長著密茂的花叢，四處鳥語花香，孔雀神氣地在晨光裡展示牠尾巴的風采。當王后正為一棵花兒盛開的娑羅樹著迷而朝它走近時，突然覺得腳步有點兒不穩，她立即伸手去抓住娑羅樹上一棵樹枝以作支撐，就在這時，摩訶摩耶王后就產下了一個祥光四射的嬰孩。

用清水為小太子沐浴後，王后的侍從便把他包裹在一塊黃色的絲綢裡。因為已經沒有必要繼續前往羅摩村，王后和剛出生的太子便乘著四駒馬車回宮去了。抵達家中後，太子又再接受一次溫水浴，然後被放置在他母親的旁邊。

聽到太子已出世的消息，淨飯王便立刻趕來探視他的妻兒。他實在高興極了，目光裡泛著歡樂，他決定替小王子取名悉達多，意思是「成就大志者」。宮中每人都為此歡騰，並逐一前來恭賀王后，淨飯王更盡快召請術士來為悉達多預

淨飯王高興極了，趕忙前往探望他的妻子和新生孩兒。

言未來。看過嬰兒的面相後，他們全都一致同意這男嬰有著偉大領導者的徵象，並預言他必定會統治一個拓展四方的江山。

一個星期之後，一個名叫阿私陀的聖者來到王宮造訪。因年老而駝著背，他拄著手杖，從高山上的住處下山前來。當護衛通報阿私陀大師的來臨時，淨飯王親自出來迎接，帶大師去看小太子。望著太子良久，大師也沒發一言。接著，他便很衝動地飲泣起來，以致全身發抖，淚水從他的兩眼直湧而出。

看到這樣，淨飯王為之震驚，問道：「有什麼事嗎？是否看到孩子將有不幸？」

阿私陀大師搖著頭把眼淚抹去，說道：「陛下，我看到的完全沒有不幸，我是為自己哭泣罷了。我清楚看到這孩子具備真正的偉大德能，他將會洞悉宇宙的一切真相。陛下，你的兒子是不會當政的，他會是修道上的偉大導師。他會以天地為家，以眾生為親眷。我是為了自己未能親聞他真理的教化便要去世而哭泣。陛下啊！你和你的國土不知積有多少福德，才可感應到這個嬰孩的誕生啊！」

阿私陀轉身離去，雖然大王懇請他留下來，但他沒有接受。這位聖者開始慢慢地走回山上去。阿私陀大師這次的探訪令大王慌張了起來。他不想兒子成為僧人，他希望他可以繼承王位，拓展國家的版圖。大王這樣想：「阿私陀只是千

百個聖者中的一個，也許他的預言是錯的吧。其他有道之士預言悉達多會成爲偉大君主的說法，應該是準確的。」繫在這個希望上，大王才稍覺安慰。

在悉達多誕生時獲得無上喜悅的摩訶摩耶王后，分娩後八天便離開人世，舉國哀悼。淨飯王召請她的妹妹摩訶波闍波提喬答彌爲新的王后。答應了大王後，喬答彌王后便立刻開始悉心照顧悉達多，待他猶如己出。當悉達多年長一些的時候，問及他的生母，他才明白摩訶波闍波提是如何地敬愛她的姊姊。他更明白除了摩訶波闍波提之外，很難找到另一個愛他如自己兒子一樣的人了。在摩訶波闍波提的照顧下，悉達多長得健康強壯。

一天，當摩訶波闍波提從旁看著悉達多在花園中嬉戲時，她留意到他已漸漸長大，可以用金飾寶石來助長威儀了，於是她叫隨從取來珍寶飾物給悉達多試戴，奇怪的是，他戴上飾物後，完全沒有增添他的英俊儀容。既然悉達多表示帶了飾物感到不便，摩訶波闍波提也就只好把這些飾物再收藏起來。

到了上學年齡，悉達多要和其他的釋迦族王子一起學習文學、寫作、音樂和體育。他的同學包括他的堂弟提婆達多和金比萊，及一個宮內大臣之子迦羅丹賴。悉達多天生聰穎過人，很快便通曉各項科目。他的老師毘濕波友雖然覺得年少的提婆達多也非常敏銳，但當老師多年以來，他從未見過

一個比悉達多更為出眾的學生。

九歲那年，悉達多和一班同學前往參加一年一度的春耕儀式。這天，摩訶波闍波提親自為悉達多細心打扮，淨飯王也穿起最隆重的禮服，主持典禮。德高望重的道長和婆羅門，身穿五彩繽紛的長袍和頭飾，到處遊行。大典就在離王宮不遠的一塊良田裡舉行。旗幟和橫額在路旁的每個門口飄揚著。附近街道上的祭台擺滿了各種食物和祭品。樂師和獻藝者在人群中穿梭著表演，以增添熱鬧和歡樂的氣氛。當大王和朝廷高官肅立著準備大典的揭幕時，道長們都在高聲唱誦。提婆達多和迦羅丹賴分別在悉達多兩旁，一起站在近後排的地方。他們都很興奮，因為典禮完畢後，每個人都可以在草原上野餐。悉達多平時很少旅行，所以他份外高興。可惜道長們的唱誦拖延得太長了，令這幾個男孩實覺難耐。他們終於忍受不住，便離開了。迦羅丹賴拖著悉達多的衣袖，一起朝著歌舞的方向走。烈日高照，表演者的衣衫都被汗水濕透了。汗珠在跳舞女郎的額上閃爍著。悉達多在表演場地上跑了一會兒，自己也感到炎熱，於是離開朋友們走往路旁那棵蒲桃樹下乘涼。在陰涼的枝葉下，悉達多感到清新怡神。就在這時，摩訶波闍波提出現了。看見兒子，她說道：「我剛才四處找你，你跑到哪兒去了？現在應該回去看典禮的結束儀式了。這樣做，你的父親才會高興啊！」

「母親，儀式太長了。為什麼道長們要唱誦這麼久呢？」

「兒子，他們是在念誦《吠陀》。這些經典的意思深奧，是造物主親自傳給婆羅門，再世世代代傳下來的。你很快就會讀到這些經典了。」

「為什麼不是父親而是婆羅門負責念誦呢？」

「只有那些生於婆羅門階級的人，才准念誦這些經典。孩子啊，就是最有權力的國王也必須依賴婆羅門來主持所有的儀式。」

悉達多再重複想了一遍摩訶波闍波提的話。等了片刻，他才合起掌來向摩訶波闍波提請求說：「母親，請你求父親讓我留在這裡吧。我現在坐在這蒲桃樹下，覺得非常開心。」

溫柔良善的摩訶波闍波提終於被兒子說服，微笑點頭。她輕撫孩兒的頭髮一會兒，然後沿著小徑回去。

婆羅門終於誦經完畢。淨飯王走到田裡，與兩個著軍裝的官員開始本季第一次的耕作，到處都迴響著圍觀人群的歡呼聲。其他的農夫也跟著大王開始犁田。聽到民眾的歡呼聲，悉達多跑到田邊。他看到一隻水牛竭力地拉著一個很重的犁耙，而後面跟著的，是一個身軀粗壯、皮膚曬得黝黑的農夫。這農夫左手穩定著犁耙，右手則舞弄著長鞭趕著水牛前進。強烈的陽光令農夫的汗直冒出來。肥沃的泥土被犁成兩行整齊的淺坑。泥土被翻起時，悉達多留意到一些蟲和小生物也同時被犁耙割到。當小蟲在土裡蜷曲蠕動著的時候，

鳥兒立刻就從空中飛下來用尖尖的嘴巴把它叼走。接著，悉達多又見到一隻巨鳥滑翔而下，迅速地把小鳥抓在牠的利爪裡。

全神貫注地觀察著這一切，悉達多在驕陽下全身被汗水濕透，急忙跑回蒲桃樹下。他剛才所看到的都是他從來沒有見聞過的。他盤腿坐在樹下，閉上眼睛，細細地回想這一切事物。姿態平穩挺直，他坐在那兒很久都沒有起來，完全忘卻了周圍在歌舞或野餐的人。他繼續坐著，全面投入了田中生態的影像。隔了一段時間，當大王和王后經過這裡時，他們發現悉達多仍在很專注地坐著。看見悉達多坐得猶如一尊雕像般美麗，摩訶波闍波提感動得流下淚來，但淨飯王卻被一股突然的恐懼所困擾。如果悉達多這小小年紀便可以坐得這樣莊嚴，阿私陀的預言豈非會成真？他煩惱得不想留下來野餐了，於是獨自先行回宮。

幾個鄉村的貧童說說笑笑地走過樹旁，摩訶波闍波提提示意他們肅靜，她指著坐在蒲桃樹下的悉達多，那些孩童十分好奇地凝望著他。忽然，悉達多張開眼睛，看見王后，他笑了。

「母親，」他說：「念誦經典也幫不了小蟲和鳥兒啊！」

悉達多站起來走到摩訶波闍波提身邊拖著她的手，這時他才察覺到自己正被那些兒童打量著。雖然他們和悉達多年紀相若，但他們卻衣衫襤褸，滿臉污垢，手腳都瘦得可憐。

悉達多只覺自己的太子打扮令他十分困窘，而他其實又很想和這些小童一起玩耍。他微笑著跟他們輕輕地揮手，其中一個小男童報以淺笑，悉達多正是需要這一點的鼓舞。他請摩訶波闍波提准許他邀請這幾個小童和他一起野餐，她最初有點躊躇，但終於也答應了。

悉達多在所有的比賽項目中都名列榜首，耶輸陀羅頒給他的獎
品，是一頭白象。

7

白象之獎

悉達多十四歲時，喬答彌王后生了一個兒子，名叫難陀。宮中每人都為此歡騰，而悉達多更因慶幸自己有一個小弟弟而異常興奮。每天下課後，他都會趕著跑回家裡看望難陀。雖然悉達多已到了應該關心其他事務的年齡，但他仍時常叫提婆達多陪他，一起帶難陀出外小遊。

悉達多有三個他最喜歡的堂兄弟，他們名叫摩男拘利，柏狄耶和金比萊。他經常與他們在王宮後面的花園玩耍。喬答彌王后最喜歡坐在蓮池旁邊的木凳上看他們嬉戲。她的侍從更隨時都會照她的吩咐，為孩子們奉上點心和飲品。

隨著日子過去，悉達多的學業一年比一年進步。提婆達多實在很難再隱藏他的嫉妒。悉達多很快便已精通每一科

目，而學習時又全無困難，這包括了武術在內。雖然提婆達多比他健碩，但悉達多的身手就更為靈敏快捷。在數學方面，其他同學對悉達多的卓越，都甘拜下風。他的數學老師阿朱羅，往往要花很長的時間來解答悉達多所提出的高深問題。

因悉達多在音樂方面特別有天份，他的音樂老師便送了一枝罕有且名貴的橫笛給他。在仲夏的黃昏裡，悉達多會獨自在園中用它吹奏。他的歌曲有時低聲甜美，而有時則美妙得令聽者頓覺飄入雲霄。喬答彌常常會在夜幕低垂的時候，專意坐在外面聽她兒子的吹奏。這樣可以令她讓心裡的感受隨著悉達多的音樂飄揚，而使她心曠神怡。

可能是受他的年紀影響，悉達多當時比較著重於宗教哲學的研讀。讀過所有的《吠陀》後，他對內容裡的經教見解和信念都細心思量，他尤其集中去研究《梨俱吠陀》和《夜柔吠陀》這兩本經典。悉達多從小便看到婆羅門誦念經文和主持教儀，現在他可以親自去深入探討這些神聖教義的中心思想了。一向以來，婆羅門教的聖典都是很被重視的，就連典籍內的字和字的聲韻，都被認為是可以影響或改變人事和自然界的。行星的位置與四季的轉換，更被視為與拜祭誦經有著莫大的關係。只有婆羅門才被認為有足夠能力去瞭解天地間的奧祕。唯有他們才有資格用誦經和各種儀式，使人類及自然界產生正規的運作。

　　悉達多被教導，整個宇宙都是來自一個名叫「大梵天」的至高無上主宰，而社會上的所有階級則是出自創造者身體的不同部位。每個人都包含著一點這個神通廣大造物主的精華，而宇宙的精華也就是每個人的本性或靈魂所組合而成的。

　　悉達多同時也很用心去研讀其他的婆羅門典籍，包括了《梵書》和《奧義書》。雖然他的老師只想教他們傳統的信仰，但悉達多和他的同學都堅持發問一些問題，以迫使他們的老師去面對時下一些有違傳統的思想和意識。

　　在不用上課的日子，悉達多就會慫恿一班同學與他一起去探訪城中的教士和婆羅門，跟他們討論一番。也是因為這些機會，悉達多才知道原來國內是有一些公開反對婆羅門極權的運動和組織的。參與這些活動的人，除了是一般非常不滿婆羅門獨攬政權的俗家人外，還有婆羅門種姓以內，但比較開明而且想革新的成員。

　　自從悉達多那次邀請過幾個村中的小童一起野餐之後，他有時也會被批准到都城附近的小村落逛逛。這時，他就會穿上便服，以方便與普通人交談。從這些接觸中，悉達多學會了很多他在宮中從來學不到的東西。他留意到人民一般信奉的，是三個婆羅門教的神祇——「大梵天」、「毘濕奴」和「濕婆」。他也同時知道他們都受著婆羅門祭師們的壓迫。為了在慶生、婚禮、喪禮等倫常禮節中奉行正確的規

儀，很多甚至非常貧困的家庭，也被迫要付給婆羅門金錢、食物或勞力。

一天，當路過一間茅房時，悉達多被房子內傳來的號哭聲驚動。於是，他叫提婆達多入內查個究竟。他們發現原來這間屋子的主人剛剛去世，而他的家裡十分窮苦。他的妻兒瘦得可憐，身上只披著破布，他們的房子也舊得像是會隨時倒塌。原來這家的男人，因為想要婆羅門為他的地方灑淨以便重建廚房，被迫要做苦工回報。連續幾天，他都要替婆羅門搬運大石和砍柴，最後終於病倒了。在回家的途中，他不支倒地，一命嗚呼。

由於自己的反省和觀察，悉達多開始對一些婆羅門的基本教義產生疑問，例如：《吠陀》是否真的是專賜給婆羅門的；婆羅門是否是宇宙間至高無上的統治者；經文和祭儀本身是否擁有無窮的力量等。同時，悉達多很同情那些敢於直接挑戰婆羅門教條的教士。他對這方面的興趣從沒有減退，更從沒有錯過任何有關《吠陀》的課堂或討論會。他同時又熱衷於語文和歷史的研究。

悉達多很喜歡與修行者和沙門交流，但因為父親的不滿，他便要時常找藉口外出，才可與這些人見面。這些沙門對物質的擁有和社會的地位全都不重視，這與婆羅門的刻意追求權力是截然不同的。反之，這些沙門都刻意放棄一切，以斷絕世間的煩惱而得到解脫。他們對《吠陀》和《奧義書》

的經義已全部通曉。悉達多知道很多修行者都住在西鄰的憍薩羅，或南面的摩揭陀，他很希望有一天能到這些地方去跟他們研習。

淨飯王當然知道悉達多的意向。他把恐怕兒子會出家當沙門這個憂慮，告訴了他的王弟，提婆達多和阿難陀的父親，途慮檀那大王。

「憍薩羅這個國家一向以來都對我們的領土虎視眈眈，我們必須靠悉達多和提婆達多這班後輩的才幹，來保衛國家的命運了。我很怕悉達多會如阿私陀預言般去當沙門，如果是真的話，提婆達多也很有可能跟他這樣做。你可知道他們有多喜歡跟那些修行者交往嗎？」

途慮檀那被大王這番話嚇了一跳。想了一會兒，他低聲在大王耳邊說：「如果你問我的話，我認為你應該替悉達多找個妻子。有個家庭要照顧，他必定會放棄當沙門的念頭了。」淨飯王點頭同意。

那天晚上，大王對喬答彌透露他的心事。王后於是答應，會替悉達多安排在短期內成婚。雖然王后自己才剛產下小公主孫陀莉難陀，但她分娩後不久，即開始在宮中安排一些年輕人的聚會。悉達多對參與這些音樂晚會、運動會和遠足等活動，都表現得很熱誠，他也結識到很多年輕的男女朋友。

淨飯王有一個妹妹，名叫芭蜜莎。她的丈夫是拘利的國

王檀迦巴利。他們在拘利的都城羅摩村和迦毘羅衛城都有居所。釋迦國和拘利國只隔著一條河，所以這兩國的人民，世世代代都相處得很融洽。它們兩個都城只有一天行程之隔。在喬答彌的遊說下，拘利國的大王與王后都同意在庫納湖畔的草原舉行一次武術比賽大會，而淨飯王將會親臨主持，以鼓勵年輕的國民去鍛鍊他們的體能和武功。都城裡所有的青年男女都受邀參加，少女們並不參與比賽項目，而是以她們的喝采掌聲來令參賽者加把勁兒。芭蜜莎王后和檀迦巴利大王的女兒耶輸陀羅，負責迎賓。她可愛秀麗，美得清新自然。

在所有的項目中，包括了射箭、劍擊、賽馬和舉重等，悉達多囊括了全部的冠軍。頒獎給他的，正是耶輸陀羅，而獎品竟是一隻白象。兩掌緊合，微低著頭，她用高貴爾雅的語氣宣布：「悉達多太子，請你為你應得的勝利，領受這頭白象。也同時請你接納我心裡至誠的祝賀。」

公主的舉止雍容淡定，衣妝溫文高雅。她的笑容就如半開的蓮花般清爽。悉達多鞠躬，然後看著她的眼睛，輕聲說道：「謝謝你，公主。」

站在悉達多後面的提婆達多，因為只贏得亞軍而非常不快。看見耶輸陀羅對他全沒理睬，他便一手拿起象鼻，狠狠地打了一下鼻子最弱的部位，白象登時感到萬分痛楚，跪在地上。

悉達多很嚴厲地望著提婆達多，呵斥道：「堂弟，那太過份了！」

悉達多揉揉象鼻的弱處，又說著安慰牠的話。白象慢慢地再站起來，低頭向太子致敬。現場觀眾的掌聲雷霆貫耳，悉達多騎上象背，開始他的勝利巡禮。在馴象師的引領下，白象載著悉達多，在人群的簇擁中，圍繞著迦毘羅衛城內巡行。耶輸陀羅以緩慢而高貴的步伐，一起隨行在旁。

看見耶輸陀羅悉心照顧貧病兒童，悉達多十分感動。

8

寶石項鍊

　　進入少年時代的悉達多，開始發覺宮中的生活有點兒悶，於是，他開始到城外遊歷，看看外面的世界。他每次出遊，都有他的忠心隨從車匿作伴。有時，他的弟弟或朋友也會同行。雖然車匿是負責駕駛悉達多的車馬的，但出遊時，他和悉達多會輪流執韁策馬。因為悉達多從來都不用馬鞭，所以車匿也同樣不用。

　　從北面喜瑪拉雅山脈的崎嶇山腳，到南面的廣闊草原，悉達多遊遍了釋迦國的每一個角落。都城迦毘羅衛座落在人口最多和物資最富庶的低窪地帶。雖然比起鄰近的憍薩羅和摩揭陀兩國，釋迦國的面積很小，但它位置之理想則非其他兩國所能相比的。源於高地的盧醯河和滂河，正好流下來灌

溉那肥沃的平原。這兩條河向南伸展，直至和尸賴拏伐底河合流之後才傾入恆河。悉達多最愛坐在滂河岸邊看著湧流。

那裡的村民都相信滂河的水，可以把他們過去及現在的罪業洗去，因此，他們即使是在很冷的天氣，也會時常把自己浸在水裡。一天，坐在河邊時，悉達多問道：「車匿，你相信這河水真的能夠洗去罪業嗎？」

「一定可以吧，太子。不然，哪會有這麼多的人來河裡洗滌呢？」

悉達多笑了笑。「那麼，所有的魚、蝦、蠔等水居生物，必定就是世上最賢良無染的了！」

車匿答道：「我至少可以說，在這兒沐浴是應該可以洗清身上的污垢的！」

悉達多大笑起來，拍拍車匿的肩膀。「這句話，我應該同意吧！」

又一天，當悉達多在回宮途中經過一個貧窮村落時，很意外地見到耶輸陀羅和她的侍婢，在那裡照顧那些患上眼疾、感冒、皮膚病等不同病徵的小童。耶輸陀羅雖然穿著得非常簡單，但看上去卻活像一個女神。身為一個公主而甘願親自為貧苦大眾施予關懷和服務，悉達多實在被她深深感動。她替病童們清洗感染的眼睛和皮膚，又為他們配藥並洗淨骯髒的衣服。

「公主，你這樣做已有一段時間了嗎？」悉達多問道。

「在這裡見到你真是美好。」

正在替一個小女孩洗著手臂的耶輪陀羅，抬起頭來。「差不多有兩年了，太子。不過，這只是我第二次到這個村裡來。」

「我時常來這兒的，小朋友和我非常熟絡。公主，這份工作一定帶給你很大的滿足感。」

耶輪陀羅只是微笑，沒有作答。她彎下身來繼續替女孩洗手臂。

因為那天有機會和耶輪陀羅作比較詳細的談話，悉達多很意外地發覺到，他們彼此原來有著很多相同的想法。耶輪陀羅並不滿足於只做一個對傳統盲從的宮廷淑女，她也研讀過《吠陀》，而心裡對社會上的不公平感到非常不滿。就如悉達多一樣，她並不覺得身為一個有富貴和特權的王室成員是真正快樂的，她極度鄙厭宮庭中大臣和婆羅門間的權力鬥爭。她知道身為一個女子，她做不到什麼來改變社會，參與慈善工作是表達她理念的唯一方法。她希望她的朋友可以從她的榜樣中，看到這類工作的價值。

從第一次見到耶輪陀羅，悉達多已對她留下了很深刻的印象。現在，他發覺她的每一句話都拉近了他們之間的距離。他的父親曾表示希望他快些成婚，可能耶輪陀羅就是這個適當的人選。雖然在那些音樂和運動的聚會中，悉達多也曾結識到很多年輕貌美的女子，但耶輪陀羅不僅外表最美

麗，更是令他感到最舒服和滿意的一個。

一天，喬答彌王后決定要為全城中的少女們舉辦一個宴會，她又請了耶輸陀羅的母親芭蜜莎來幫忙。所有釋迦國的年輕女子都受邀請，而每一位都會獲贈一件珠寶飾物。芭蜜莎王后提議應該由悉達多來把禮物送出去，就像耶輸陀羅在武術大會中作迎賓一樣，以示誠意。淨飯王和王室的其他成員也將會參加。

宴會在一個涼快的晚上舉行，王宮的禮堂擺滿了各式各樣的美酒佳餚，四周都有樂師們彈奏著音樂娛賓。在花燈閃動的光線下，溫文有禮的女士們魚貫入場，身上都穿著顏色鮮麗和鑲有耀目金線的紗麗。她們逐一經過王室的長者高官面前，包括了大王和王后在內。全身穿上太子華服的悉達多，站在左邊一張鋪滿珠寶飾物的桌子後面，等著贈送禮物給這一千多位淑女們。

悉達多起初曾拒絕親自派送禮物的，但他最後還是被喬答彌和芭蜜莎說服。「獲得太子你親自贈送禮品，一定會令她們每個人都感到榮幸和快慰，這點你是應該知道的吧！」芭蜜莎這樣說，臉上掛著一個十分肯定的微笑。悉達多絕對不想扼殺別人得到快樂的機會，於是他便答應了。可是，現在站在眾多賓客之前，他實在對於怎樣選擇適當的飾物給每一位女士感到困惑。每個女士都要行經所有嘉賓才會到達悉達多的跟前，第一個出來的少女是蘇瑪，一個王爺的女兒。

芭蜜莎指導她走上階梯到台上，接著停下來向大王、王后及所有來賓鞠躬，然後才走近悉達多。到了悉達多面前，她低下頭來作揖禮敬，悉達多也鞠躬以示回禮，並將一串玉石珠鍊贈送給她。賓客們鼓掌以示同意，而蘇瑪則再次鞠躬。她非常輕聲地說了一些謝詞，只可惜悉達多一點也聽不到她說什麼。

下一位是羅希妮，名字是依一條河流起的。悉達多沒有刻意挑選飾物去配合每個女子的樣貌和氣質，他只是從桌上依序拿起下一件飾物給下一位女士。因此，雖然有眾多女士排對等候，但贈送儀式也沒有拖得太長。到了晚上十時，所有的飾物幾乎全部送出了，每個人都以為最後一位是個叫顗羅的女子。正當悉達多以為自己的任務已完成，一個年輕女子從觀眾席中出來，朝台上緩緩走去，她正是耶輸陀羅。她穿著一件象牙色的紗麗，輕盈清麗得像晨曦裡的一縷涼風。她向大王及王后鞠躬，一如她向來的自然大方，她走到悉達多面前，向他微笑說道：「不知太子可還有點東西給我嗎？」

悉達多望著耶輸陀羅，然後有點不知所措地瞄向桌上剩下來的飾物。他的臉都紅了——桌上剩下來的，沒有一樣配得起耶輸陀羅的美麗的。忽然，他展露微笑，從自己的頸上除下了戴著的一條項鍊，交了給耶輸陀羅。「公主，這是我給你的禮物。」

耶輸陀羅搖著頭，說：「我是爲了表示對你的尊敬而前來的，又怎能拿走你自己的項鍊呢？」

悉達多回答道：「我的母親喬答彌王后，常常說我不帶珠寶飾物比較英俊。公主，就請你接納這份禮物吧！」

他示意請她走近一點，好讓他可以爲她戴上這串閃閃生光的寶石項鍊。全部來賓立刻鼓起掌來，歡呼聲更不絕於耳。他們都熱烈地站了起來，以表示他們的讚許。

9

——

慈悲之路

　　悉達多和耶輸陀羅的婚禮在翌年的秋天舉行，那天是釋迦國普天同慶的日子。整個迦毗羅衛城都布滿了旗幟、燈飾和鮮花，而音樂也是處處可聞。悉達多和耶輸陀羅的座駕馬車，所到之處都是歡呼載道。他們又前往城外的村落和小市鎮，贈送食物和衣服給那些貧苦的家庭。

　　淨飯王親自策畫，建築三座適應不同季節的王宮，送給這對新人。夏天的王宮興建在高原上倚山的幽美地區。為雨季和寒冬而建的，則座落於都城的中心。每座王宮都設有蓮池，裡面種著淺藍色、粉紅色或白色的蓮花。他們倆的錦履華服，和每天燃點的檀香，都是特別從西南面伽尸國的都城王舍城專程訂購回來的。

悉達多與耶輸陀羅的婚禮，在全國歡騰的氣氛下舉行。

淨飯王現在才覺得安心，因為悉達多已走上了他夢寐以求的路。他親自挑選國內最佳的樂師和舞蹈員，為兒媳倆長期表演以供娛樂。

可是，對悉達多和耶輸陀羅來說，快樂並非從安枕無憂的權貴生活中找到的。他們的快樂，是從坦誠相待、互訴心聲而獲至的，完全沒有為山珍海味或綾羅綢緞而心動。雖然他們都懂得欣賞歌舞的藝術，卻不會沉迷於這些享樂之中。他們有他們的夢想——尋找在追求精神昇華和社會革新之旅上的一切答案。

第二年的夏天，悉達多自幼的忠僕車匿架著馬車，載悉達多和耶輸陀羅前往夏宮。沿途中，悉達多更乘機向耶輸陀羅介紹一些國內她未曾到過的地方。他們在每處逗留幾天，有時更會在鄉村裡的民居過宿，與村民一起吃簡單的食物，睡在繩織的床上。從這些經歷中，他們學到了很多不同地方的生活方式和習慣。

有時，他們會遇到很悲慘的情景。他們曾見過一些家庭有九個或十個小孩，而每一個小孩都是染上頑疾的。無論那些父母怎樣日夜勞苦，他們永遠都撫養不起孩子。一般農民的生活都是十分艱苦的。悉達多凝視著骨瘦如柴的小童，他們都因寄生蟲或營養不足而導致肚脹，他又看到一群傷殘的人在街上行乞，這一切的情景都使他非常不安。他看到這些人，全都被困在無可逃脫的環境裡面。貧病交迫之餘，他們

更要遭受婆羅門的欺壓。而對這些欺壓，他們又都伸訴無門，因爲他們離都城太遠了。即使到了都城，又有誰會幫助他們呢？悉達多知道，就是一國之君，也沒有力量去改變他們的悲慘景況。

悉達多很清楚明白宮廷裡的一切運作，每一個官員都只顧保護和鞏固自己的勢力，把民間的疾苦和需要都置諸腦後。因爲曾親眼看到他們的互相鬥爭和殘害，悉達多對政治只感到極度的反感。他很明白，就連自己父親的權力，也是十分脆弱和有限的——一個國君根本就是被囚於自己的地位之中，而失去眞正的自由。雖然他的父親也知道部屬的貪婪腐敗，但無奈又要倚靠這些部屬來保衛王朝。悉達多知道自己繼位後，也必然會這樣做。他明白只有消除人們內心的貪婪和嫉妒，環境才會改變。就因爲這樣，他尋找精神解放之道的欲望又再次重燃了。

耶輸陀羅聰明慧黠，她瞭解悉達多心底的冀盼，而且堅信只要悉達多決心尋道，必定會成功。但她也非常清楚，求道並非一朝一夕之事。隨著時間的流逝，悲慘和痛苦會不斷發生，所以她認爲當務之急應該是立即行動。她與悉達多商討不同的方法去幫助社會上最貧困的人，這種工作她已做了好幾年。除了替一些人解除痛苦之外，她的努力也爲自己的內心帶來了祥和與快樂。如果有悉達多的眞心支持，她相信這個工作一定可以持續一段時間的。

各類日用品以及不同的侍從婢僕，都從釋迦國各地源源不絕地送來供他們使用。悉達多和耶輸陀羅把大部分的傭人都遣送回去，只留下幾個來幫忙打掃花園、燒飯和管家，他們當然留下了車匿。耶輸陀羅盡量把生活安排得簡單。她會親自下廚指導傭僕做些清簡而又合悉達多心意的菜式。至於悉達多的衣裝，她就會親力親為，自己打點一切。她不時都會請教悉達多有關她回城後將要重新投入的救援工作。悉達多非常明白她對這些工作的熱誠，而永遠都會給她無限的支持和鼓勵。耶輸陀羅也因此對她的丈夫更加信任。

雖然悉達多從沒懷疑過耶輸陀羅這些工作的價值，但他卻覺得這條途徑並不能導致真正的祥和安穩。人們不單是被困在社會的不公平和疾病的折磨之中，也被他們自己的心所產生的憂悲苦惱束縛著。如果有一天耶輸陀羅也陷入了恐懼、瞋怒、憤恨或失望之中，她又哪會再有精力去繼續她的工作呢？悉達多自己曾親身經歷過因朝廷和社會的不健全而引起的懷疑、沮喪和痛苦。他知道心裡的平靜才是真正社會工作的根基。但他並沒有讓耶輸陀羅知道他這種想法，因為他怕這樣做會令她更加憂慮。

回到冬宮後，他們就要款待不停到訪的賓客。雖然耶輸陀羅對親戚朋友都熱誠招待，但她最關注的，仍是悉達多與別人所談及的哲學、宗教與政治社會關係的話題。即使四處出入督導著侍應，她都不會錯過這些言談的一字一句。她曾

希望在眾多朋友中，能找到一些志同道合的人來加入她的工作，可惜沒有幾個人表示興趣，他們大都只是想著歡宴作樂，但悉達多和耶輸陀羅仍然耐心地接待他們。

除了悉達多以外，還有另一個同樣明白和支持耶輸陀羅的人，她就是喬答彌王后。王后非常關心媳婦的快樂，因為她知道如果耶輸陀羅快樂，悉達多也會快樂。不過，這並非她支持耶輸陀羅慈善工作的唯一原因，喬答彌王后本身就是一個很慈悲的人。她第一次跟耶輸陀羅去探訪窮鄉僻壤，便立刻體會到這種工作的真正價值了。它不只是給予窮苦人家米飯、麵粉、布匹和醫藥等物資上的支援，更重要的是，可以在他們痛苦的時候，直接給予他們慈祥的目光、一雙援助的手和一顆愛心。

王后不像宮裡其他的人，她經常對耶輸陀羅說，女人也如男人一樣擁有智慧和力量，所以也應該肩負社會上的一些責任。雖然女人特別擅長讓家庭裡倍添溫馨，但這並不代表她們就只應該留在廚房或王宮裡。喬答彌發覺她可以和媳婦成為交心的朋友，因為耶輸陀羅和她一樣獨立，又善於思慮。王后不只嘉許耶輸陀羅的工作，她還與耶輸陀羅肩並肩一起工作。

10

——

未出生的孩子

這段時間，淨飯王表示希望悉達多能夠多留在他的身邊，以便指導兒子如何處理朝政。太子被邀請出席很多公事上的會議。有時，他單獨與大王會商，有時他則和大王及朝臣一起參加會議。悉達多對朝廷的事務，永遠都是全力以赴，但他漸漸明白，一個國家的政治、經濟和軍事上所出現的問題，往往都是由於參政者的私人野心所引起的。當人們只關心如何保護個人權力時，他們是不可能會為百姓著想而推行仁政的。每當他看到那些假仁假義的腐敗官僚，悉達多就會十分氣憤，怒火中燒。即使如此，他仍要把這些感覺隱藏起來，因為他還沒有找到對策。

一天，與幾個大臣會議完畢後，淨飯王問他：「為何你

總是默默地坐在那裡，不給任何意見呢？」

悉達多望著他的父親說：「我並不是沒有意見，而是說出來也起不了作用，它們都是治標不治本。我仍未想到一個有效的方法來對治朝廷中那群有私心的人，就如弗山密達。他在朝廷中擁有相當的權勢，但你肯定知道他是貪污的。他也曾多次想削弱你的權力以壯大他自己，可是，你對他莫可奈何，仍然要倚仗他的幫忙。原因何在呢？因為你知道如果不這樣，動亂就會隨之而來。」

淨飯王望著他的兒子，默然無語。過了一會兒，他說：「悉達多，你應該明白，要維持一個家庭或國家的和平，有很多事情是需要容忍的。我個人的力量很有限，但我深信如果你好好地準備自己繼位為王，你必定會做得比我出色得多。你是有才幹去剿滅奸黨而又同時防止內亂的。」

悉達多歎息道：「父親，這並不是才幹的問題。我相信最基本的問題是要令一個人的心得到解脫。」

他們父子這番對話和交流，漸漸使淨飯王感到不安。他認定悉達多是個有非凡深度的人，又察覺到他對這個世界的看法與自己很不相同。不過，他仍然滿懷希望，認為假以時日，悉達多一定會接受他的王位而成為出色的國王。

除了履行朝廷的職責和扶助耶輪陀羅，悉達多仍繼續與那些有名望的婆羅門和沙門交流切磋。他知道宗教的探索並不只限於研讀聖典，而是要兼顧禪坐靜思的修習，才能達到

心智的解脫和釋放。他開始更深入地去認識禪定，並盡量把所學的運用於日常的宮中生活，然後把這些體驗與耶輸陀羅一起分享。

「瞿夷，」悉達多喜歡這樣匿稱耶輸陀羅，「或許你也應該習禪。它能使你心境平和，而且持續工作更長的時間。」

耶輸陀羅依照他的提示去做。無論她的工作多麼忙，她也會騰出時間來坐禪。他們夫婦倆會一起靜靜地坐著。這段時間裡，他們會叫隨從退下並打發樂師們到別處演奏。

悉達多從小便被教導有關婆羅門一生的四個階段。在年輕時代，婆羅門會研讀《吠陀》。第二個階段是結婚、組織家庭和為社會服務。當兒女長大後，他們就進入第三個階段，即可以退休並全面投入宗教研究。而第四個階段，就是放下所有世務與束縛，去過一個出家人的生活。細心思量後，悉達多認為到年老才學道，為時已晚，他不想等這麼久。

「為什麼一個人不可以同時過這四個階段的生活？為什麼有家庭就不可以追求宗教生活呢？」

悉達多要在他目前的生活中修學大道。他當然沒有忘記那些在王舍城的遠方導師，他知道如果自己有機會跟他們學習，肯定會有更大的進步。與他經常往來的沙門和導師，時常都有提及如阿羅羅和烏陀迦羅摩子等大師，許多人都嚮往能有機會獲得他們的指導，而悉達多感到自己的期盼也愈來愈迫切。

夫婦倆人，常一起靜坐。

　　一天下午，耶輸陀羅從外面回來，滿臉悲傷，一言不發。一個她照顧了將近十天的小孩剛去世了，雖然她已盡了全力，但也無法把他從死神的手中搶救回來。耶輸陀羅無法控制她的悲痛，坐在一旁沉思，眼淚直流，完全抑制不住她的情緒。當悉達多從朝中回來時，她又再次痛哭起來。悉達多把她抱在懷裡，盡量安慰她。

　　「瞿夷，我明天和你一起去參加葬禮，盡情哭吧！這會減少你心裡的痛楚。生、老、病、死都是我們這一生要肩負的。發生在這孩子身上的，隨時都會發生在我們任何一個人的身上。」

　　耶輸陀羅邊飲泣，邊說：「我現在每天都體驗到，一切就真的如你所說的一樣。與巨大的痛苦比較起來，我的雙手是何等的渺小。我的心裡時刻都充滿著徨恐與憂傷。丈夫啊，請你教我怎樣去克服我心裡的痛苦吧！」

　　悉達多緊抱著耶輸陀羅在他的臂彎。「我的妻子，我現在也正在尋覓著解除我自己心中痛苦的途徑。我已看透人生百態，但卻仍未找到達至解脫之道。不過我有信心終有一天會找到的。瞿夷，你一定要對我有信心。」

　　「親愛的，我從來都沒有對你失去過信心。我知道你決意要去做的事，一定會堅持到底，直至成功。我也知道你總有一天，將會為體解大道而放棄一切富貴名位。但是，我的丈夫，我請你暫時還不要離開我，我很需要你啊！」

悉達多用手輕輕提起耶輸陀羅的下巴，看著她的眼睛，說道：「不會的，我不會現在離開你。只有當，當……」

耶輸陀羅用手蓋著悉達多的口。「悉達多，請不要再說下去。我現在只想問你，假如我們有個孩子，你會希望是男的還是女的？」

悉達多愕然，他細心地望著耶輸陀羅。「瞿夷，你說什麼？你的意思是，你是說……」

耶輸陀羅點頭，接著，她指著自己的肚子說：「可以懷著我們愛的結晶，實在令我高興莫名。我希望是個生得和你一模一樣的男孩，具備著你的聰明才智和善良的美德。」

悉達多用臂彎再把耶輸陀羅抱緊一點。在這歡欣的一刻，他也同時感到隱憂的存在。不過，他仍笑著說：「是男是女，我都同樣高興。最重要的是娃娃有著你的慈悲和智慧。瞿夷，你告訴了你母親沒有？」

「你是第一個知道這消息的人，我今晚會到大殿向喬答彌報告，同時，我會向她請教如何好好地照顧這個未出生的孩子。我明天也會把這個消息告訴我的母親芭蜜莎王后，相信每個人都會為此感到很興奮。」

悉達多點頭。他知道王后一定會在第一時間把消息告訴他的父親，而大王必定會歡喜若狂，大擺筵席慶祝一番。悉達多感覺到，將他緊繫於宮中生活的束縛，似乎又再被拉得更緊了。

11

月光下的笛聲

　　烏達因、提婆達多、金比萊、拔提耶、摩男拘利、迦羅丹賴和阿耨樓陀都是常到宮中與悉達多談論政治和倫理道德的一班朋友。再加上阿難陀和難陀，他們將會成為悉達多他日登基後的智囊團。他們通常喜歡在討論之前先喝幾杯美酒。而為了遷就朋友的喜好，悉達多會留著樂師和舞團一直表演至深夜。

　　對於大大小小的政策，提婆達多都會滔滔不絕地發表一番議論，而烏達因和摩男拘利則會不厭其煩地和提婆達多辯論一番。悉達多倒說得少。有時，在歌舞表演之中，悉達多轉頭望過去，會發覺阿耨樓陀已疲倦得垂著頭，半醒半睡的樣子。他便會走過去搖醒他，和他一起悄悄地走到外面去欣

悉達多為阿耨樓陀在月色下吹奏橫笛。

賞月色和細聽附近的潺潺流水。阿耨樓陀是摩男拘利的弟弟，他們的父親是悉達多的叔叔。阿耨樓陀是個平易近人的俊男，雖然他在宮中很受女士們的傾慕，但他自己卻不多情。悉達多和阿耨樓陀時常會在花園裡坐至午夜時分。這時，其他的人通常都已因為太累或太醉而回去客房裡休息，悉達多便會把他的橫笛拿出來，在明亮的月光下吹奏。瞿夷會放置一個小香爐在石上，然後靜靜地坐在一旁，欣賞那在和暖的晚空中盪漾的樂韻。

　　時間過得很快，耶輸陀羅的產期逐漸接近。芭蜜莎王后告訴女兒不用回娘家待產，因為她當時正在迦毘羅衛城居住。芭蜜莎和喬答彌兩位王后一起召請了城中最好的助產婦到來。耶輸陀羅分娩那天，兩位王后都同時在左右待著。王宮內瀰漫著肅穆和期待。雖然淨飯王沒有出現，但悉達多知道他正在自己的宮中焦急地等待消息。

　　當耶輸陀羅的陣痛加劇，她就立即被侍婢扶入寢宮的內室。那時正是中午，天空驟然烏雲密布，變得陰暗，猶如有神祇之手，把太陽掩蓋。悉達多在外面坐著，雖然被兩堵牆隔著，他仍可清楚地聽到妻子的叫喊聲。他的情緒一刻比一刻緊張。耶輸陀羅的呻吟，一聲接著一聲，每聲都使他的心如刀割。他無法安定下來，唯有來回踱步。有時，耶輸陀羅的叫聲淒厲得令悉達多不禁心亂如麻。他的生母摩耶王后就是因為分娩他而至死的，這是他永遠不會忘記的痛楚，而這

次是耶輸陀羅替他分娩自己的孩子。雖然生孩子是一般女性必經的道路，但這條路危險重重，甚至可能有生命危害之虞的。更甚的是，母子倆都可能會同時喪命。

突然想起數月前從一個沙門所學，悉達多跏趺而坐，嘗試安住他的心識。這段時間是一次真正的考驗，他要在耶輸陀羅的叫聲中保持平靜的心境。忽然，一個新生嬰兒的影像在他的腦海中浮現出來，那是他自己孩子的影像。每個人都一直希望他有孩子；每個人都會為他生了孩子而高興。他自己也曾渴望有自己的孩子，但身處這件事情真正發生之際，尤其在這緊張的時刻，他才明白一個孩子的誕生是如何的重要。他尚未找到自己的道路，他也仍不知道自己要往哪兒走，無奈他已經有了自己的孩子——這是否是孩子的不幸呢？

耶輸陀羅的叫聲突然停了下來，他站起來。發生了什麼事？他可以感覺到自己的心跳。他盡量留心地觀察自己的呼吸，以回復鎮定。就在這時，一個嬰兒的哭啼聲畫破了沉寂。娃娃出世了！悉達多一手把額上的汗抹去。

喬答彌王后打開門來看他。見到她的笑容，悉達多知道一切平安。王后坐下來對著他說：「瞿夷生了一個男孩。」

悉達多笑了，望著母親，他滿懷感恩。

「我會替孩子取名羅睺羅。」

那天下午，悉達多到房間裡探望妻兒。耶輸陀羅凝望著

他，閃亮的眼睛充滿了愛意。他們的兒子躺在她的身旁，因全身都裹在絲綢裡，悉達多只能看到胖胖的小圓臉。悉達多似有所求地看看耶輸陀羅，她很明白丈夫的意思，便點頭示意，允許悉達多把孩子抱起來。耶輸陀羅看著悉達多把孩子抱在懷裡。悉達多一時間感到飄飄然，但另一方面，他心裡卻是憂慮重重。

耶輸陀羅休息了幾天，喬答彌王后則負責打點一切，從準備特別的食物到留意爐火以使她們母子溫暖，她都一概照顧到。一天，悉達多來探視妻兒。抱著羅睺羅在手中時，他慨歎人的生命既脆弱又寶貴。他回想起那天他和耶輸陀羅一起去參加那個小童的葬禮，小童只有四歲，當他們抵達時，屍體仍躺在床上。生命的氣息已全然消失，那孩子的身體只剩下皮包骨，而皮膚更彷如臘造，顏色青白。孩子的母親跪在床邊，一會兒拭乾眼淚，一會兒又再哭起來。不到多久，一個婆羅門到來為他作喪儀，準備出殯。曾整夜守夜的鄰居，把小童的屍體抬上一張他們用竹子造成的擔架，以便扛到河邊去。悉達多和耶輸陀羅跟著村民的行列走著。河畔已簡單地堆砌了火葬的柴薪。隨著婆羅門的指示，他們把擔架扛到河中，讓屍體全浸在水裡。接著，他們又把擔架和屍體扛出來放在地上，讓水漏走。這是一項表示清淨的儀式，因為他們都相信滂河的水是可以清洗罪業的。一個男人把香水灑在柴木上後，小童就被放在上面。婆羅門手拿火炬，圍繞

著屍體高聲念誦。悉達多認出那些經文是從《吠陀》節錄出來的。婆羅門環繞了三次之後，便把柴木燃點起來。柴火很快便熊熊燃燒，小童的母親和兄弟姊妹隨即嚎啕大哭。不用多久，男孩的屍體就變成了灰燼。悉達多望望耶輸陀羅，見她眼淚盈眶，自己也覺得有哭泣的衝動。「孩子啊，孩子，你現在回到哪裡去了？」他這樣想。

悉達多把羅睺羅交回給耶輸陀羅。他走到外面，獨自坐在花園裡，直至夜幕低垂。一個僕人跑來找他。「王太子，王后叫我來找你的，你的父王來訪。」

悉達多走回宮內。這時，王宮的燈火已全部亮起，閃耀輝煌。

12

金蹄

耶輸陀羅很快便已恢復體力,重新投入工作。同時,她也需要花很多時間陪伴著小羅睺羅。一個春日,在喬答彌王后的堅持下,車匿架著馬車載著悉達多和耶輸陀羅到郊外小遊。他們也帶了羅睺羅和一個照顧他的年輕女僕寶珠同行。

和煦的陽光映照在幼嫩的綠葉上。鳥兒站在婆羅和蒲桃樹上,在花兒待放的樹枝上歌唱。車匿讓馬匹慢慢地踱步。鄉下的居民認出了悉達多和耶輸陀羅,都紛紛站著揮手致禮,以表歡迎。當他們行近滂河岸的時候,車匿突然拉韁把馬車剎停,阻攔著去路的,原來是一個倒在地上的男人,他的手腳都向身內蜷曲,而且全身都在顫抖,半開的嘴裡不時傳出呻吟聲。車匿隨著悉達多從車上跳下。那個男人看上去

不到三十歲，悉達多拿起他的手，對車匿說：「他似乎是患了嚴重的感冒，你說是嗎？我們替他按摩一下，看看有沒有幫助。」

車匿搖頭說：「王太子，這些不是感冒的病徵。他恐怕是患上更嚴重的病——一種不治之症。」

「你這麼肯定？」悉達多細看著那人。「我們不可以帶他去看御醫嗎？」

「就是御醫也沒辦法醫治這種病症的。我聽說這是一種極容易傳染的病，如果把這個人載上馬車，只怕你的妻兒甚至你自己都會受到傳染。爲了你的安全，我請求太子你放下他的手吧！」

悉達多沒有放開那男子的手——他看了看它，再看看自己的。悉達多一向都非常健康，但現在看著這個與他年紀相仿的垂死男子，他一向以來視爲理所當然的，刹那間完全幻滅了。岸邊傳來哀怨的哭叫聲，他抬頭望去，看見一個葬禮正在進行中。那裡燒著葬禮的柴火，念誦聲中，夾雜著斷腸的哭叫和乾柴在烈焰中的啪啪聲響。

回頭再看那男人，悉達多發覺他已沒有呼吸，他那像玻璃的眼珠朝上呆望。悉達多把他的手放下來，輕輕替他閉上雙眼。悉達多站起來時，耶輸陀羅已站在他的背後不知有多久了。

她低聲說道：「丈夫啊，請你到河裡洗手吧！車匿，你

也該這樣做。我們要到下一個村莊通知有關官員，請他們料理這個屍體。」

之後，沒有人再有心情繼續這次的春日郊遊了。悉達多囑咐車匿轉回宮中，在路上，沒有一個人說話。

那天晚上，耶輸陀羅因為做了三個怪夢而睡得不好。在第一個夢裡，她見到一頭白色的牛。這頭牛的額上有一顆閃耀奪目的寶石，散發的光芒就如北斗星一般，牠正向著迦毘羅衛的城門緩步而走。從帝釋天的祭壇，傳來一種如從天降的聲音，說著：「如果你留不住這頭牛，這都城就再沒有光明了。」城中的人們紛紛開始追逐這頭白牛，但都沒有一個人制得住牠。白牛走出了城門，絕塵而去。

第二個夢裡，耶輸陀羅看到四個天王在須彌山頂上，向著迦毘羅衛城發放光芒。突然，豎在帝釋天祭壇上的旗幟猛然搖動，跌到地上。鮮花如雨般從天上降下，城中四處都迴響著天樂。在第三個夢中，耶輸陀羅聽到震撼天地的聲音在說：「時候到了！時候到了！」在驚慌中，她望向悉達多慣坐的椅子，卻發覺他不見了。她頭上插著的茉莉花這時跌落地上，變成塵埃。悉達多放在椅子上的衣物則變成了一條蛇，溜出門外。耶輸陀羅只覺慌張混亂，同時還聽到白牛在城外的吼叫聲，帝釋天祭壇上旗幟搖拍著的噪音，和那從天上傳來的叫聲，大喊著：「時候到了！時候到了！」

耶輸陀羅醒來，額上沾滿了汗水。她轉過來搖醒悉達

多：「悉達多，悉達多，快醒來吧！」

　　他其實早已醒來了。他撫摸著她的秀髮來安慰她，然後問：「瞿夷，你做了什麼夢？告訴我吧。」

　　憶述完那三個夢之後，她便問道：「這些夢是否是你快要離開我去訪道的先兆？」

　　悉達多沉默下來，而後才安慰她說：「瞿夷，請別擔心。你是個很有深度的女人，你是我的伴侶，真正可以幫我達成願望的人。你比其他人都瞭解我，就算我要離開你到遠處去，我知道你也具備足夠的勇氣去繼續你的工作。你還是會好好照顧和養育我們的孩子。即使我離開了，到了很遠很遠的地方，我對你的愛始終如一，不會改變的。瞿夷，我不會停止愛你的。有了這份共識，你一定能夠經得起我們的分離。等我找到了大道，我一定會回到你和孩子身邊。請你現在好好休息一下吧！」

　　訴說得那麼溫婉誠切，悉達多這番話直透耶輸陀羅的心扉。她心中感到安慰，闔上眼睛睡去了。

　　第二天早上，悉達多去跟他的父親說：「父王，我懇請你的允許，讓我出家為僧，好讓我能尋找開悟之道。」

　　淨飯王十分驚訝。雖然他早料到會有這天，但他並沒有想到這天會來得這麼突然。想了很久，他才望著兒子，回答道：「我們歷代祖先雖然有幾個是出家的，但沒有一個出家時是你這個年紀，他們都是等到年過五十才出家的，你為何

不再等一下呢？你的兒子還小，國家也要靠你啊！」

「父親，對我來說，一天在位為王就好像一天坐在火爐之上。如果我心不安寧，又怎能達成國家又或你對我的期望呢？我體會到時光的速逝，我的青春也不例外，請你批准我吧！」

大王仍想說服他的兒子：「你應想及你的國家、父母、耶輸陀羅和還是嬰孩的兒子。」

「父親，我正是因為想及你們，才來徵求你的同意讓我去出家，我並非有意逃避責任。父親，就如你不能排解你自己心裡的痛苦，你知道你也不能把我心裡的苦惱消除。」

大王站起來拉著他兒子的手，說道：「悉達多，你知道我如何的需要你，你是我全部的希望所在，請你不要離棄我。」

「我永遠都不會離棄你，我只是要求你讓我離開一段時間罷了。等我找到大道之後，我必定回來。」

淨飯王痛心疾首，沒再多說，便回到了自己的宮中。

稍後，喬答彌王后到來與耶輸陀羅共聚；而黃昏時分，悉達多的其中一個朋友烏達因，就與提婆達多、阿難陀、拔提耶、阿耨樓陀、金芭娜和婆提一起到訪。原來烏達因開了一個晚會，又聘請了城中最佳的舞團來表演，喜慶的火炬照亮了整座王宮。

喬答彌告訴耶輸陀羅，大王曾召見烏達因，要他出主

意，用盡方法讓悉達多留下來，這個晚會就是他的第一個計畫。

耶輸陀羅吩咐侍從把宴客的飲食都準備好，才和喬答彌回到了寢宮，悉達多親自出來迎接賓客。這天正是八月份的月圓日，當音樂響起，月兒剛好出現在東南面一行樹梢上的天邊。

喬答彌和耶輸陀羅傾心相談，直至很晚才離去。當她們一起走出露台時，剛好看到圓圓的月亮高掛在夜空中。宴會已進入最高潮，宮內不時傳來音樂和談笑聲。耶輸陀羅陪喬答彌到大門後，便自行去找車匿。找到他時，他已在睡覺，耶輸陀羅把他叫醒，輕聲對他說：「太子今晚可能會需要你，把金蹄準備好給他策騎，你也為自己另備馬匹。」

「太子妃，太子要到哪兒去？」

「請別問了，就照我說的去做吧，因為太子今夜可能要外出。」

車匿只好點著頭走往馬房，而耶輸陀羅也回到宮裡。她替悉達多準備好所有旅行適用的衣物，放置在他的椅子上。接著，她拿一條薄被蓋在羅睺羅身上，才自己躺到床上來。躺在床上，她聽著外面熱鬧的音樂和歡笑聲，這些聲音持續了不知多久才漸漸消散。她知道客人已回到他們的房間了。耶輸陀羅靜靜地躺在回復了沉寂的王宮中，她等了很久，但悉達多仍沒有回到寢室來。

準備好金蹄上路，車匿問悉達多：「我可否與你同行？」

　　坐在外面，悉達多凝望著明亮的月光和星星，千顆星星在閃耀，他決定當夜離開王宮。他終於回到房間，換上已等待著他的衣裝。他拉開幃帳，看著床上，瞿夷躺在那裡，應該是睡著了。羅睺羅在她的身旁。悉達多想與耶輸陀羅說幾句臨別的話，但卻躊躇，他已曾對她訴盡了要說的話，如果現在驚動她，反而會令他們的別離更難受。他放下幃帳，轉頭離去。他又躊躇了一會兒，再一次，他拉起幃帳，給妻兒望上最後一眼，他深深地凝望他們，希望把這兩張深愛和熟悉的臉孔印記於心。接著，他放下幃帳，悄然離去。

　　當他經過客堂，悉達多看到四周地毯上都躺著熟睡的跳舞女郎，頭髮蓬鬆凌亂，嘴兒像死魚般歪著。她們的手，跳舞時看上去是那麼柔軟和富有彈性，但現在卻硬得像木板一樣。她們的腿互相夾踏，就彷如戰場上的傷亡者，悉達多覺得自己像是經過一個墳場。

　　他去到馬房時，發覺車匿沒有睡。

　　「車匿，請你準備好馬鞍，帶金蹄來給我。」

　　車匿點頭，他已準備好了一切。他說：「太子，我可否陪你去？」

　　悉達多點頭後，車匿立即到馬房取他自己的馬。接著，他們一起牽著兩匹馬到宮外。悉達多停了下來，撫摸著金蹄的鬃毛，說：「金蹄，今夜非常重要，你一定要為我這趟旅程盡力。」

　　他騎上金蹄，車匿也騎上了他的馬匹。爲了不想張揚，他們只能慢行。守衛都已熟睡了，他們行出城門，全沒問題。走出城外一段路，悉達多最後一次回頭看著月色下的都城。這是悉達多出生和長大的地方，在這個城裡，他經歷過無數的歡喜與悲哀，憂慮與熱望。在這城裡，他的至愛——父親、喬答彌、耶輸陀羅、羅睺羅和很多其他的人都在熟睡。他自言自語地說：「如果找不到大道，絕不回迦毗羅衛城。」

　　他策馬向南，金蹄迅即全速奔騰。

13

——

開始修行

　　雖然悉達多和車匿都馬不停蹄，但抵達釋迦國邊境的時候，已是天亮。他們沿著橫跨面前的阿陸瑪河，向下游而去，直至找到淺水之處，才騎著馬越過河流。再走一段路，他們便來到一個森林旁邊。一隻花鹿在樹叢中穿梭著。鳥兒在附近飛來飛去，一點兒也沒有被人跡騷擾。悉達多從馬上跳下來。他撫摸著金蹄的鬃毛，微微笑著。

　　「金蹄，你真了不起。你幫忙我來到這裡，非常感謝你。」

　　馬兒抬起頭來，親切地望著主人。悉達多從馬鞍下抽出一把短劍來。接著，他左手拿起自己長長的頭髮，右手則揮劍把頭髮割了下來。車匿也從馬上跳下，悉達多把頭髮和短

劍都交給了車匿，然後他又除下頸上的寶石項鍊。

「車匿，帶我的項鍊、短劍和頭髮回去給我的父親。請你告訴他對我要有信心，我並不是因為自私或想逃避責任才離開家庭，我現在出來是為了你們全部的人和所有的眾生。我請你代我勸慰大王和王后，也請你去安慰耶輸陀羅，我懇請你這樣做。」

當車匿伸手去接那項鍊時，淚水從他的眼裡湧出來。「王太子，每個人都將十分傷心。我不知道應該對大王、王后和耶輸陀羅王妃說些什麼。太子，你出生以來都是睡慣高床軟枕，又怎可以像個苦行者般睡在樹下呢？」

悉達多笑笑。「別擔心，車匿。我可以像他們一般生活的。你回去一定要告訴他們我的抉擇，以免他們為我的失蹤而擔憂。現在就讓我單獨留在這裡吧！」

車匿抹去眼淚。「太子，請你讓我留下來照顧你，請你大發慈悲，因為我實在不想帶回如此傷痛的消息，給我所愛戴的人！」

悉達多拍了拍他的肩膀，用很認真的語氣說道：「車匿，我需要你回去報訊給我的家人。如果你是真的關心我，請你照我說的去做。車匿，我不需要你在這裡，沒有一個苦行者是需要隨從的！請你立刻回去吧！」

車匿雖然很不願意，但只能遵照太子的吩咐去做。他小心翼翼地把頭髮和項鍊放到他的外衣裡，又把短劍插放在馬

鞍內。他雙手緊握著悉達多的手臂，牢牢地拉著他，說：「我會如你所吩咐去做的，但請太子你一定要記著我，記著我們所有人。你找到大道時，請千萬別忘記回家。」

悉達多點頭，給車匿一個表示肯定的笑容，他又再輕撫金蹄的頭。「金蹄，我的好朋友，回家去。」

手執金蹄的韁繩，車匿騎上自己的馬匹，金蹄轉過頭來最後一次看著悉達多，牠眼中的淚水不比車匿的少。

悉達多一直望著車匿和兩匹馬消失蹤影，才轉向森林那邊，開始走進他生命的新一頁。從此，天幕將是他的屋蓋，樹林就是他的家。一股舒泰滿足的感覺油然生起。就在這時，一個男人從森林中走出來，因為這人穿著一件沙門慣穿的披搭，驟看過去，悉達多還以為他是一個修道者。但細看之下，悉達多發覺他手執一把弓，後面還背著一筒箭。

「你是個打獵的，對嗎？」悉達多問道。

「沒錯。」那人答道。

「既然你是獵人，為什麼穿得像個沙門？」獵人笑著說：「就是全靠這件道袍，動物才對我全不防犯，使我可以很容易射中牠們。」

悉達多搖頭。「那你就妄用了真正修道者的慈悲了。你願意把你的道袍和我的衣服交換嗎？」

獵人看見悉達多的王服，知道是無價之寶。

「你真的想與我交換？」那獵人問。

「當然啦，」悉達多說。「如果把這些衣服賣了，你一定有足夠金錢做些小買賣，不用再打獵了。至於我，我需要一件道袍，因為我要做個沙門。」

獵人歡喜若狂，交換完衣服之後，便立刻拿著悉達多的華服匆匆離去。悉達多現在有著真正沙門的樣子了。他走入森林，在一棵樹下坐了下來。作為一個出家人後，他第一次禪坐。經過在王宮中漫長的最後一日，和在馬背上度過的整個秋夜，悉達多現在體驗到安然的舒暢。他靜坐著，細心地欣賞和培養那份初踏入森林時便已察覺到的自由與解放。

陽光從林樹中透入，直射到悉達多的眼睫毛上。他打開眼睛，看到一個沙門站在他面前。這個沙門的面容和身體都很瘦，而且更像備受生活上的折磨似的。悉達多站立起來，合掌作禮。他告訴沙門他才剛剛離開家庭，所以還未有機會求得導師。他表示準備前往南面阿羅羅迦羅摩大師的修道中心，問問那裡可否收他為徒。

沙門告訴悉達多他也曾跟阿羅羅迦羅摩大師修習，並且知道大師現在已在吠舍離城以北開設了修道中心，有四百多個人在那裡雲集受教，他還表示知道怎樣前往，也可以親自帶悉達多去那裡。

悉達多跟著他穿過森林到一條小徑，這條小徑繞過一座小山後，又進入了另一座森林。他們一直走到中午，僧人就在這時，開始教悉達多怎樣去收集野果和可吃的青蔬。他告

訴悉達多如果找不到這些，可以挖掘根莖來充飢。悉達多知道自己將會長時間住在森林裡，所以他問清楚所有可吃的食物名稱，然後小心地把它們都記下來。他知道原來沙門是個只靠這些食物維生的苦行者，他的名字叫巴伽衛。他也告訴悉達多，阿羅羅迦羅摩大師並不是修苦行的，除了採集山林裡的食物，他跟他的門徒都會乞食或接受附近村民的供養。

九天之後，他們終於到達阿魯毘耶附近阿羅羅迦羅摩大師的叢林道院。他們抵達時，阿羅羅大師正在為四百多個門徒開示。他看上去大概七十多歲，雖然看似瘦弱，但卻目光炯炯，聲音宏亮如鼓。悉達多和他的同伴坐在大師弟子的外圍，細心聆聽著大師的講教。開示完畢後，所有的弟子便各自走入林中，繼續修習。悉達多走過去跟大師見面，很恭敬地自我介紹：「尊敬的導師，我懇請您收我為徒。我希望在您的引導之下生活和修學。」

大師聽他這樣說，便把悉達多仔細端詳了一番，然後表示接納他的要求。「悉達多，我很高興收你為徒，你可以在這裡住下來，你照著我的方法和教導去做，應很快便可悟道。」

悉達多俯身禮拜，以表示感激和高興。

阿羅羅大師居住在一間門徒為他建成的茅房，樹林的四周都布滿了其他弟子居住的茅舍。當夜，悉達多找到一處平坦的地面躺睡，以樹根作枕。因為日間長途跋涉，他疲勞得

躺下來便熟睡，直至天亮。當他醒來時，太陽早已出來，整個森林都充滿著鳥兒的歌唱聲。他坐起來，其他的沙門已經做完早課的禪坐，正準備進城裡乞食。他們給悉達多一個缽，又教他怎樣行乞。

他跟著其他的沙門，持著缽進入吠舍離城。第一次持缽乞食，悉達多才恍然明白出家人與在家人的生活原來是如此密切——沙門是依賴在家眾供應食物的。他學會持缽的正確方法，又學會怎樣走路、站立、接受食物、以及誦經來答謝供養。當天，悉達多獲得一些有咖哩汁的飯。

與他新相識的同修回到林中，他們一起坐下進食。他吃完後，便往阿羅羅大師那裡接受修行上的指導。阿羅羅正以深入禪定坐著，因此悉達多便靜默地坐在大師前面，也盡量把自己的心收攝起來。過了很久，阿羅羅張開眼睛，悉達多急忙俯身禮拜求教於大師。

阿羅羅替這個新來的弟子開示有關信念和精勤的重要，並示範他怎樣呼吸以達到定境。他解釋說：「我的教義並不只是理論。知識是從親身體驗和證悟得來的，而不是從思想上的爭辯所得。為了要達到不同層次的定境，你必須把一切以往及未來的念頭全部清除，你必定要只專注於解脫。」

悉達多再問完有關對身體感官的控制後，便恭敬地多謝老師，然後慢慢地走到樹林裡找一處適當的地方自修。他收集了一些乾枝樹葉，在一顆娑羅樹下造了一間小房子，以便

使禪修得以成就。他勤力修習，大概每五至六日，便會前往請教阿羅羅有關他修行時所遇到的各種難題。短短的時間內，悉達多已有很可觀的進步了。

他禪坐的時候，已能夠把念頭放下，甚至對過去和未來都全無牽掛。雖然他感到思想和執著的種子仍然存在，但他已達到一種平靜和喜悅的妙境。數星期後，悉達多的定境進展到連思想和執著的種子都化解了。接著，他再進一步達到禪悅和非禪悅兩者皆亡的境界。他只覺得五樣感官的門道都已閉上，而他的心境就寂靜平和得像風平浪靜的湖水。

當他向阿羅羅大師報告他的成果時，大師很訝異。他告訴悉達多，在這短短的時間而有此成績，他的進展實在難得。於是，他再教導悉達多怎樣達至「空無邊處」的定境，這是自心和太虛合而為一的境界。在這個境界裡，所有法界現象都湛然不生，因而了悟到空虛乃萬法之源。

悉達多遵照大師的指導去做。雖然不到三天，他已證得此境，但悉達多還未覺得「空無邊處」的境界，能把他從最深的憂慮與悲哀中解脫出來。察覺到這些的存在，對他的修行構成了障礙，因此他又去請教阿羅羅了。大師對他說：「那你應該再往上一個層次了。『空無邊處』與你的自心本體相同，它並非意識上產生的客體，而是意識本體，你現在需要體證『識無邊處』的境界了。」

悉達多回到林中他修行的地點，靜修了兩天，便已證得

「識無邊處」的定境。他體悟到自心實存於宇宙每一法之中，雖然如此，他仍感到受壓於最深的悲憂煩惱。他再一次問教於阿羅羅大師，以釋疑難。大師用深感敬佩的眼神望著悉達多說：「你已很接近目標了，回到你的茅舍去靜思萬法虛妄的性體吧！宇宙萬物皆是自心所造，我們的心乃萬法之源，色、聲、香、味以及觸感的辨別冷熱、軟硬等，全都是唯心所造。它們的存在並非如我們一向所想像的，我們的意識就如畫師一般，把萬事萬物描繪創造出來。如果你達到『無所有處』的境界，你便已成功得道了，這就是了悟到自心以外，一無所有的境界。」

這個年輕的沙門合掌表示對老師的感謝，然後回到森林裡。

悉達多跟阿羅羅迦羅摩修學時，同時認識了很多其他同修。他們都被悉達多的慈和親切態度所吸引。經常，悉達多沒有時間尋找食物時，會發覺茅房外放著食物。當他禪坐起來，通常都會有其他沙門留了香蕉或飯糰在門外給他。很多沙門都親近悉達多以便向他學習，因為他們曾聽大師讚賞他的進展和成就。

阿羅羅大師曾問及悉達多的背景，因而知道他是王子出身，但若被其他人問及此事，他只會笑而不答，或謙遜的說：「這不重要，我們最好只談有關修行大道的經驗。」

不到一個月，悉達多便證得「無所有處」的定境。喜獲

此境，他在接著的數個星期裡潛心用它來擺脫心識深處的障礙。雖然這個禪定層次已非常之高，但他仍覺得解決不了他的問題。最後，他又回去見阿羅羅大師了。

阿羅羅迦羅摩坐著，細聽悉達多所說的。他雙目發亮，帶著極度恭敬和讚歎地說：「悉達多，你極有天份。你已達到我可以教導的最高境界了。我所做到的，你都已經做到了。我們不如一起來教導這群沙門吧！」

悉達多默默地考慮大師的邀請。「無所有處的」境界的確是寶貴的禪果，但既然它仍未能解決生死和擺脫苦惱，它便仍不是究竟全面的解脫。悉達多的目標不是在於領導僧眾，而是在於找到真正的解脫之道。

他合掌答道：「我尊敬的老師，『無所有處』不是我的最終目標。對於你這段日子裡給我的關懷和照顧，請接受我的衷心感謝。我現在求你允許，讓我離開大家到別處繼續尋道。這幾個月來你對我的悉心教導，我萬分感謝，並必定銘記於心。」

阿羅羅迦羅摩大師有點失望，但悉達多的去意已決。第二天，他又再次上路了。

頻婆娑羅王顯然為這個僧人高雅超脫的儀容所攝。

14

渡過恆河

悉達多渡過了有名的恆河，進入摩揭陀王國，來到一個因有多位偉大精神導師而聞名的地帶。他決意要在此地，找到一位可以教他了脫生死的導師。這些大師大都住在深山峻嶺，悉達多不厭其煩地到處尋訪這些名師的所在；無論要攀過多少個山嶺，跋涉多少個幽谷，他都在所不惜。一月復一月，日曬雨淋，他就是這樣繼續尋訪下去。

悉達多遇到一些不願穿衣的苦行者，又遇到另一些全不接受供養，只靠山果野根活命的苦行者。這些苦行者認為讓身體曝露於大自然中，忍受極端的折磨，可以讓他們死後昇天。

一天，悉達多對他們說：「就算你們重生於天界，這個

地球上的痛苦依然是沒變的。要達至大道，首先是要找到解除人生痛苦的方法，而不是逃避生命。雖然那些只顧著尋求感官享樂而惜身如寶的人，必定不能有所成就，但枉然虐待身體，也不見得會有所幫助啊！」

悉達多繼續訪道——在一些修道中心留上三個月，另一些又留上半年。他禪定的功夫日益加深，但他卻依然尚未找到解脫生死之道。時光流逝，轉眼悉達多已離家三年了。有時，他在樹林中禪坐，腦海中會浮現出他父親、耶輸陀羅、羅睺羅以及他童年的影像。雖然這不免令他有點兒煩躁和氣餒，但他要找尋大道的強烈信念，使他繼續尋訪下去。

有一段時間，悉達多獨自在離王舍城不遠的般茶伐山邊雲遊。一天，他持著缽下山往城中乞食。他走得緩慢莊嚴，面貌祥和而堅定。沿途的居民都注視著這個行儀高雅，儼如一頭雄獅步過樹林似的沙門。剛巧，摩揭陀的頻婆娑羅王乘著御駕經過，於是他叫車伕停下來讓他細看悉達多。他吩咐隨從給這個沙門供養食物，又要他尾隨悉達多以便知道他的住處。

翌日下午，頻婆娑羅王來到悉達多居住之處，把馬車留在山下，與一個隨從走上山徑。當他見到悉達多在樹下坐著，便趨前招呼。

悉達多站起來。他從訪客的裝扮已知道他是摩揭陀的國王。悉達多合掌作禮，並示意請他坐在一塊大石頭上，悉達

多自己則坐在他對面的另一個石頭上。

頻婆娑羅王很明顯地是對悉達多高貴超然的儀表十分欣賞。他說道：「我是摩揭陀的國王，我很想請你與我一起入城，希望你可以在我左右而使我得到你的教導和厚德的利益。與你在一起，摩揭陀一定可以安享太平盛世。」

悉達多微笑。「大王，我比較習慣住在森林裡。」

「這種生活太艱苦了，你既無床鋪，又無隨從伺候。如果你願意跟我走的話，我會給你一座私人的宮殿，請你跟我回去做我的導師吧！」

「大王，宮中的生活是不適合我的，我現在正嘗試找尋解脫之道，來消除自己及眾生之苦。王宮的生活實在與我這個沙門的心願甚不協調。」

「你現在就和我一樣，年紀還輕。我很需要有個可以眞正和我分擔、分享的朋友。我第一眼看見你，便覺得與你有緣，跟我走吧！如果你答應的話，我便留給你半個王國，等你年紀大了，便可以回復沙門的生活了，這並不會爲時太晚的。」

「我多謝你邀請我的豪情厚意，只可惜我眞正唯一的願望，就是找尋替所有眾生脫苦之道。大王，時光飛逝，如果我現在不把握目前年輕力壯的體魄，到衰老時便後悔莫及了。生命無常——疾病和死亡是隨時都可能發生的。被貪婪、憤怒、憎恨、情欲、嫉妒和驕傲的煎熬而引起的火焰，

在我心中繼續燃燒著。只有當我尋得大道才能令眾生得到解脫。如果你真的對我關懷，就應該讓我繼續我行走已久的道路。」

頻婆娑羅王聽了悉達多這番話，更為感動。他說：「你這番充滿決心的話實在令我感到非常快慰和鼓舞。敬愛的沙門，請容許我問你來自何處和你家族的姓氏。」

「大王，我是從迦毘羅衛城來的。我的父親姓釋迦，他是統治釋迦國的淨飯王，而我的母親則是已故的摩耶王后。我曾是個太子，王位的繼承人，但為了要出家求道，我三年前離開了父母和妻兒。」

頻婆娑羅王怔住了。「那你自己都是王族血統了！高貴的沙門，我實在有幸與你相會！釋迦和摩揭陀兩族一向邦交很好。我剛才用盡我的權勢地位來說服你跟我回國，實在太愚蠢了，請你多多見諒！我現在只有一個小小的要求，每隔一段時間，請你來我的王宮接受我的供養，直到你找到大道後，才慈悲的回來收我為徒。你可否答應我這個要求呢？」

悉達多合掌答道：「我答應當我證道後，必定回來與大王你共同分享。」

頻婆娑羅王對悉達多深深一鞠躬，便與隨從下山回去。

那天稍後，這位沙門喬答摩因恐怕大王會時常到來給他供養，便離開此處以避騷擾。他向南面而行，去重覓一處適合修行之地。他聽說有一個悟境很深的大師烏陀迦羅摩子有

個禪修中心，大概有三百名沙門在那裡修習。這中心離王舍城不遠，而且附近還有四百多個門徒在那裡修行，於是悉達多便向那兒出發。

當悉達多想爬出水面時，他的氣力已不能支持。

15

森林苦行者

烏陀迦大師已經七十五歲了，眾人視他猶如活神，對他十分敬仰。因為烏陀迦要求所有的弟子從最基本學起，所以悉達多也只好回復到最簡單的禪修，但不到數星期，他已再次達到「無所有處」的境界，令烏陀迦大師非常驚喜。他知道這個儀表非凡的年輕人，有繼承道業的潛質，所以對他另眼相看，特別細心地教導他。

「悉達多喬答摩，在『無所有處』的境界裡，『空』並不再是指什麼都沒有的空間，也不是一般所謂的意識，所剩下來的，就只有『能思』和『所想的』。因此，解脫之道就是要超越全部思想，能所兩亡。」

悉達多恭敬地問道：「大師，如果連思想也摒除，還有

什麼呢？如果沒有思想，我們又如何辨別出這是木塊，那是石頭呢？」

「木塊或石頭並非不入思想，東西本身就是思想。你一定要達到一個『想』與『非想』都不存在的意識境界，這就是『非想非非想』的定境了。年輕人，你就是要證得此境。」

於是，悉達多再回到他的禪修上，在十五日之內，就證得了「非想非非想」的三昧禪定。悉達多體驗到，這個境界超越所有一般的意識境界，雖然這是一個非凡的勝境，但每次當他出定，就會發現依然沒有解決生死的問題。這無疑是個極爲安詳的境界，但它並非可以開啓眞相之門的鑰匙。

當悉達多再去見烏陀迦羅摩子大師的時候，大師對他大爲讚賞。他執起悉達多的手說：「喬答摩沙門，你是我所教過最好的學生。在這短短的時間內，你已有這樣大的躍進，你已經達到最高的層次了。我年事已老，不會久住了，如果你留在這裡的話，我們可以一起教導僧眾，等我死後，你便可以代替我成爲他們的大師了。」

一如以往，悉達多婉拒了。他知道「非想非非想」之境是不能解脫生死的，他必須往別處繼續尋找答案。他對大師和僧眾表達了至深的謝意後，便收拾行裝，準備上路。每個人都很喜歡悉達多，他們都捨不得他離去。

留在烏陀迦羅摩子那段日子，悉達多結識了一個名叫憍

陳如的年輕沙門,他非常仰慕悉達多,待他亦師亦友。除了悉達多之外,僧眾中沒有一個人證得「無所有處」的定境,更遑論「非想非非想」了,憍陳如知道大師已認定悉達多是有資格繼承道業的人才。單是看見悉達多便使憍陳如對自己的修行信心倍增。他不時都會向悉達多學習,因此他們彼此的交情特別投契。憍陳如對於這個好朋友的離去,感到非常不安。他陪著悉達多下山,然後等他走出視線,才自行回到山上。

雖然悉達多從當地這兩位最出名的禪師那裡學習有成,但解脫生死的問題仍在他的心裡熾熱地燃燒。他相信自己再也無法從任何一位大師聖賢那裡學到更多了,他知道從現在開始,要靠自己達到徹悟。

悉達多慢慢向西方而行,經過稻田,又跨過沼澤和溪澗,才到達尼連禪河。他涉水渡河,又走了一段路,才來到離開優樓頻螺半天路程的彌多落迦山。險峻的岩石斜坡上,是像尖牙般冒起的重重山峰,而山峰裡面,又隱藏著無數的洞穴。懸崖上的巨石和貧苦村民的房子一般大。悉達多決定在這裡留下來,直至證得解脫之道,於是他找了一個洞穴,以便長時間禪坐。他靜坐之時,會把過去將近五年時間的修習重新檢討一番。他記得自己曾勸苦行者別再自虐體膚,告訴他們不要在這個已經充滿苦難的世界裡再添痛苦。但當他現在重估他們的修行途徑時,他卻這樣想:「又軟又濕的柴

木是沒法生火的，身體也一樣。如果肉體之欲不能受控，心要開悟就困難了，我是應該修苦行以得到解脫的。」

就這樣，沙門喬答摩便開始一段極度苦修的生涯了。他會在黑夜裡進入森林最恐怖的荒野地帶，度宿一宵。即使身心都慌張恐懼，他仍動也不動地坐著。當有鹿兒走近，使樹葉沙沙作響時，他的恐懼心會告訴他是妖魔來索命，但他仍一點兒也不為所動。當孔雀不經意踏破樹枝，他的恐懼心又會告訴他是蟒蛇從樹上爬下來，但他仍穩坐不移。只是，他心中的感受其實每次都像被赤蟻的針給扎到一般。

他極力去降伏外來的恐懼，並深信一旦身體不再成為恐懼的奴隸，他的心便可以擺脫痛苦的枷鎖。他有時坐著時，會把牙齒咬緊，舌頭緊貼上顎，用他的意志力去克服所有的恐懼與驚慌，即使他全身都被冷汗濕透，他仍動也不動。有時候，他會停止呼吸一段時間，直至耳裡如雷轟火燒，頭也像被利斧劈成兩半似的。他時會覺得頭部被鋼箍縮緊，有時覺得身體被猛火燒烤。經過這種種怪異的鍛鍊，他得以加強他的勇氣和自律。他的身體更能承受難以形容的痛苦，而同時心中卻能保持平靜。

沙門喬答摩用這樣的方法修行了六個月。最初三個月，他獨自在山上，到了第四個月，以憍陳如為首的烏陀迦羅摩子大師的五個門徒，找到了他。悉達多非常高興再次見到憍陳如，更高興獲知憍陳如在他離開一個月後，便證得「非想

非非想」的境界。知道再也無法從大師那裡學習到更多,他便約同四個同修一起來找悉達多。幸好幾星期後,他們便找到悉達多,並表示想留下來跟他修學。悉達多向他們解釋苦行的功用後,他們五個年輕人,包括憍陳如、額鞞、拔提、馬勝和摩男拘利,便決定加入修行。每個沙門都在鄰近找到居住的洞穴,而且每天輪流到村裡乞食。帶回來的食物會分成六份,每人所得的食物,大概只有一手掌那麼多。

時間一天天的過去,他們六個人都漸漸變得皮黃骨瘦。他們離開山上,前往東面在尼連禪河岸的優樓頻螺村落,繼續他們的苦修。但悉達多的怪異法門,其他五人都感到無法跟上。悉達多不再沐浴,又停止進食,只會偶爾吃一個在地上拾到的枯乾石榴,或甚至一塊乾了的水牛糞。他的身體已瘦得只剩下鬆鬆的皮肉掛在撐出來的骨頭上,他已六個月沒有剃剪鬚髮了,當他搓一搓頭上,一撮撮的頭髮便會掉到地上,彷彿僅剩的頭皮不夠地方給頭髮生長似的。

終於有一天,悉達多在墳場禪坐時,突然覺醒到這條苦行的道路是絕對錯誤的。太陽下山了,一陣清風輕撫他的體膚,在烈日之下坐了一整天,這陣微風來得特別清新舒暢。悉達多的內心體驗到一種他整天都未曾感受過的怡然自在,他體會到,身和心組成了一個不可分割的實體。身體的平靜、舒適與自心的安住是息息相關的。虐待自己的身體就是虐待自己的心智。

　　他回想起他九歲時在蒲桃樹下的涼蔭裡靜坐，那天正是春季的首耕日。他記得那次靜坐的舒泰為他帶來了清澈和平靜。他又憶起車匿離開他之後，他在森林中的靜坐。他繼續回想到最初跟阿羅羅迦羅摩的時候，那些禪坐鍛鍊令他身心都得到滋潤，又使他有能力專注和集中。之後，阿羅羅大師告訴他要超出禪悅以達到超越物質世界的境域，如「空無邊處」、「識無邊處」和「無所有處」。再後期，他又證得「非想非非想」之境。一直以來，這全部的目標都是為了逃避世間的感覺和念頭、感受和思想的世界。他現在問自己：「為何總是被經典上的傳統牽著走？為何要懼怕禪定帶來的自在？這種喜悅與障蔽覺知的五欲是迥然不同的。相反地，這種喜悅會滋養身心並增強達至開悟的原動力。」

　　苦行者喬答摩決定恢復健康並以禪坐來保養身心。他第二天早上便會再次乞食，他會成為自己的老師，不再倚賴別人的教導。很高興自己做好了決定，他躺在一堆泥土上睡著了。一絲雲都沒有的天空，正好掛上了圓滿的明月，而銀河星系橫臥天際，清澈耀目。

　　沙門喬答摩一大清早便被雀鳥聲叫醒。他站了起來，再次回顧前一夜的決定。他全身都蓋滿塵垢，道袍也已經毀爛不堪。他記得前天在墳場見過一具屍體，估計大概這一兩天便會在河邊進行火葬，到時屍體上那塊磚紅色的布便沒用了。於是，他走近屍體，心裡細省著生與死的問題，然後恭

敬地把屍體上的布除下來。那屍體是一個少婦,身體已浮腫變色,悉達多將會用這塊布作他的新衣。

他來到河邊,一邊洗澡,一邊把那塊布洗滌乾淨。清涼的河水令悉達多精神為之一振。他享受河水流過身體上的舒服感覺,更歡喜地體會身心所觸覺到的新境界。他花了很久的時間沐浴,然後又搓洗並瀝乾那塊新布。但當他試圖從水裡爬上岸時,卻因體力不支而沒有力氣上岸來。他平靜地呼吸,看到有一棵樹的枝葉倚在水面上,於是,他慢慢地移過去抓住它,扶著它爬上岸。

太陽在天空中高高掛著。他在岸上坐下來休息,把布攤在地上曬乾,等它乾了,就把它圍在自己身上,繼續前往優樓頻螺的村落。不過,他還未走到一半的路程,體力再次不支,就連呼吸的氣力也沒有了,最後暈倒在地上。

他躺在地上不省人事,過了許久才被一個村裡的少女發現。在母親的吩咐下,十三歲的善生正帶著米乳汁、糕餅和蓮子去拜祭山神。當她看見這個苦行者昏迷在路上,只剩下微弱的呼吸時,便立刻跪下來把乳汁放到他的唇邊。她知道這個是苦行者,又知道他因身體太弱而暈倒。

得到乳汁潤澤他的喉舌,悉達多立刻有了反應。嚐到乳汁的清新味道,他慢慢地把整碗都喝下。深呼吸了數十口氣之後,他才有力氣坐起來,並示意善生再給他多添一碗。那乳汁很快便幫助他恢復了體力。那天,他放棄了苦行而到對

岸清涼的樹林中修行。

接下來的日子裡，他漸漸恢復了正常的飲食。有時，善生會帶食物來供養他。有時，他會持著缽到村裡乞食。他每天都會在河邊修習行禪，其他的時間則會坐禪，而且每晚都會在尼連禪河裡沐浴。他已放棄了對傳統和經典的倚賴，決定靠自己找尋大道。他回歸到自己，要從過去的成功與失敗中學習，並毫不猶豫地以禪定來滋養身心。就這樣，一種自在、安穩的感覺油然而生。他完全沒有刻意遠離或逃避感受與思想，只是留意著每個感覺和念頭的生起，並細心地觀察著它們。

他也放棄了逃避世間法的想法。當他回歸到自己，他發覺自己全然在世法之中。一個呼吸、一串鳥鳴、一片樹葉、一線陽光——任何一樣都可以成為他靜坐時的主題。他開始見到解脫之關鍵在於每一個呼吸、每一個步伐，以及道路上的每一塊小石子。

沙門喬答摩從靜思他的身體進而靜思他的感覺，再從靜思他的感覺一直到靜思他的體會，包括在他心中起伏的每個念頭。他體悟到身心一如，體內的每一個細胞都包含著宇宙的一切智慧。他知道只要他細心地看一粒微塵，他就可以看到整個宇宙的真正面目。微塵本身就是宇宙，如果微塵不存在，宇宙也不存在。沙門喬答摩跨越了「常我」這個自我個體的意識，他突然明白，自己一向都被《吠陀》中的「常我」

這個錯誤理解所蒙蔽。其實，沒有一樣東西是有自性的，「無我」才是萬法之本體。無我並不是用來形容一個新個體的名詞，它是破除所有妄見的一響雷。挾著「無我」，悉達多就像在禪定的戰場上，高舉著徹悟的利劍。他日以繼夜在菩提樹下坐著，更高、更新的覺悟層次，就像耀目的電光般在心中甦醒。

在這段日子裡，悉達多的五個朋友對他失去了信心。他們看見他坐在河邊吃著別人供養的食物，看見他與一個少女談笑著，享受著乳汁和飯，又見到他到村內托缽。憍陳如對其他幾個朋友說：「悉達多已不再是我們可以信賴的人了，他已在修道上半途而廢，現在只顧著放逸養身。我們應該離開他往別處去繼續我們的修行。我們沒有理由要繼續留在這裡了。」

悉達多的五個朋友離開後，他才發覺他們不見了。因為悉達多獲得這麼多新的體悟，他便把全部時間都集中在禪坐，沒有找時間向他的朋友解釋。他想：「雖然我的朋友誤解我了，但我也不能因此擔心著要如何令他們回心轉意，我一定要全心全意去尋找真理的大道，找到時，我會和他們分享。」於是，他又回到修行上去。

在他這段突飛猛進的日子裡，牧童縛悉底出現了。悉達多很開心地接納了這個十一歲小童送給他的一撮撮鮮草。雖然善生、縛悉底和他們的朋友都還是小孩子，但悉達多很高

興見到這些未讀過書的村童，竟然能夠很輕易地明白他的新體驗。他現在十分安慰，因爲他知道大徹大悟之門將會很快打開。他知道他已緊握這把妙鑰——萬法都是互依而存以及了無自性的眞諦。

16

耶輸陀羅睡著了嗎？

　　因爲縛悉底來自一個窮苦的家庭，所以一直沒有上過學校讀書。雖然善生曾教他一些基本知識，但他始終不太懂得如何用詞，因此在憶述與佛陀相識的往事時，便會不時停下來，想想要怎樣述說才好，聽他講述的人也都盡量幫助他。除了羅睺羅和阿難陀之外，還有另外兩個人。一位是叫摩訶波闍波提的年老尼師，另一位是大約四十歲的僧人，名叫馬勝。

　　經羅睺羅的介紹，縛悉底很高興知道摩訶波闍波提原來就是喬答彌王后，把佛陀從小帶大的姨母。她是佛陀僧團中第一位被接納爲比丘尼的女人，現在更負責主持一個七百多名尼眾的道場。她剛從北方來，準備跟佛陀商討有關比丘尼

戒律的問題。縛悉底聽說她前一晚才抵達，而因為孫兒羅睺羅知道她一定很想知道佛陀在優樓頻螺森林時的日子，所以特別邀請她前來。縛悉底合上雙掌，深深向女住持鞠躬禮敬。因為記得佛陀所告訴他有關從前王后的一切，縛悉底心裡對她充滿了親切感和尊敬。摩訶波闍波提望著縛悉底，就像她望著自己的孫兒羅睺羅一般地溫馨關懷。

當羅睺羅介紹馬勝給縛悉底認識時，他驚訝地發現，原來馬勝就是那五個和佛陀在他家鄉附近一起修苦行的其中一人。那時候，佛陀曾告訴他這些朋友因為他放棄苦行而離他而去，因此他對馬勝現在竟然會住在竹林精舍，成為佛陀的弟子，實在摸不著腦袋，於是打算遲些再問問羅睺羅。

在縛悉底述說往事的過程中，喬答彌比丘尼幫了他最多的忙。她問了一些縛悉底覺得不重要，但她卻甚感興趣的細節。她問縛悉底給佛陀造坐墊的姑尸草是從哪裡割來的，又大概多久給佛陀換上新草；她也想知道把那些草給了佛陀之後，水牛在夜裡還有沒有足夠的草可以吃；她更想知道他有沒有被水牛的主人打罵過。

雖然還有很多未說的，但縛悉底徵求他們的同意，結束當晚的談話，明天再繼續。不過在離開之前，他想問問喬答彌比丘尼一些已經埋藏在他心中十年的問題。喬答彌對他微笑說道：「儘管問吧！如果我可以解答你的問題，我一定會樂意那樣做。」

　　縛悉底有幾件事情很想知道。首先，悉達多離開王宮之前，拉開幃帳探視妻兒時，耶輪陀羅有否真的睡著了？縛悉底也想知道當車匿拿著悉達多的短劍、項鍊和割下來的頭髮回宮時，大王、王后和耶輪陀羅的反應又如何？佛陀離開的六年間，他家人的生活如何度過？誰是第一個獲悉佛陀證道消息的人？當佛陀回到迦毘羅衛城時，誰是第一個出迎的人，又是否全城的人都出來歡迎他呢？

　　「你的確有很多問題啊！」喬答彌驚歎道。她對縛悉底慈和地微笑著。「讓我簡單地回答你吧！首先，耶輪陀羅睡著了嗎？如果你要知道真相，最好就是問耶輪陀羅自己。不過如果你問我的話，我不相信她睡著了。耶輪陀羅那天晚上親自把悉達多的鞋帽衣物放好在椅子上，又囑咐車匿把馬鞍和金蹄都準備好，她是知道悉達多當夜會離開的。在這樣的一個夜晚，她又怎能入睡呢？我相信她是故意裝睡，以免她自己和悉達多都要面對離別之苦罷了。縛悉底，你不瞭解羅睺羅的母親，耶輪陀羅真是一個非常果斷的女人。她一直都明白悉達多的志向，而全心全意默默地支持他，這點我非常清楚，因為所有與耶輪陀羅熟識的人中，我就是除了悉達多之外，最瞭解她的人。」

　　喬答彌比丘尼告訴縛悉底，第二天早上，當他們發覺悉達多已離開的時候，就只有耶輪陀羅一個人沒有表示震驚。淨飯王大發雷霆，大吵大鬧地埋怨其他人沒有盡力把太子留

下來。喬答彌王后立即去找耶輸陀羅，並發現她獨自坐著，悄悄地飲泣。朝廷派出搜索隊四處搜尋太子的下落。朝南走的一隊遇到車匿和沒人騎的金蹄，但車匿叫他們不要繼續搜索，他說：「就讓太子追尋他精神上的大道吧！我已曾涕淚俱下地哀求他，但他尋道之意非常堅決。算了吧！他現在已進入了森林，在別國的國土之內，你們是不會找到他的了。」

車匿回到宮中，立刻在地上叩了三個響頭以示懺悔，然後便把那短劍、項鍊和頭髮交給大王。喬答彌王后和耶輸陀羅當時也都在場。看見車匿滿臉淚痕，大王便沒有再責怪他了，但他問及了事情發生的經過。他叫車匿把短劍、項鍊和悉達多的頭髮交給耶輸陀羅保管。王宮裡一片愁雲慘霧，失去了太子就如同失去日間的光明。之後，大王便回到自己的宮中，有一段日子都沒有出來，由他的大臣弗山密達代他處理一切國事。

金蹄被帶回馬房後，不吃不喝，幾天後便死了。在極度哀傷之下，車匿徵得耶輸陀羅的批准，用禮葬儀式將金蹄火葬。

喬答彌比丘尼剛說到這裡，便聽到禪坐的鐘聲響起。雖然他們都有點兒失望，但阿難陀提醒他們，即使故事再好，他們也不能不去禪坐，於是，他和他們約定翌日再來他的小屋。縛悉底與羅睺羅向喬答彌比丘尼、阿難陀和馬勝合掌鞠

躬，然後便回到他們的導師舍利弗的屋子。這兩個年輕的好朋友肩並肩地走著，但沒有說話。鐘聲緩緩地在空中迴盪，像海浪般一波又一波地傳來，力量愈來愈強。縛悉底跟著自己的呼吸，默默地念著一首關於聽到鐘聲的偈語：「聽著啊，聽著，這奇妙的聲音將帶我回到真正的本我。」

17

畢波羅樹葉

　　畢波羅樹下，沙門喬答摩把甚深的定力集中在深入觀察自己的身體。他觀察到每個細胞都經歷出生、存在和死亡等過程，如同永無止息的川流裡的一滴水。他無法在身體中找到任何一物是永恆不變和有獨立個體的。融匯在他身體之流的有感受之流，而每一個感受就是一滴水。這無數的點滴又一起擠迫在出生、存在和死亡的過程裡。一些感受是美好的，另一些則令人不愉快，而絕大多數感受無所謂好與壞，但所有的感受都並不恆久：它們出現後便消失，就如體內細胞，生滅無常。

　　接下來，喬答摩運用他的定力，去探察與身體及感受之川並流的思想之流。思想之流的點滴在出生、存在和死亡的

過程中彼此交融、互相影響。如果思想正確，萬象的實相很容易便顯現出來；但如果一個人的思想不正確，實相就被蒙蔽。一般人就是因為存有錯誤的見解而被困於無窮的苦海裡：他們相信那些無常的東西是恆常的；無自性的東西是有獨立本體的；無生滅的東西是有生滅的；又把不可分割的東西分割成小部分來看待。

喬答摩再把他的洞察力照射到所有產生痛苦的精神狀態上——恐懼、憤怒、憎恨、傲慢、嫉妒、貪欲和無明。他細心專注的覺察力像烈日般燃燒著，而他就用此覺察之光去照亮所有負面精神狀態的本體。他見到它們全都是因無明而生起，它們是正念覺察的相反，它們是黑暗——光明的欠缺。他體悟到解脫的竅門是要破除無明，深入實相之中去直接體驗親證。

悉達多過去曾努力尋求擺脫恐懼、瞋怒和貪欲的辦法，但這些辦法都只是試圖壓抑感受和情緒，因而沒有真實的效果。現在，悉達多明白它們的起因都是由於無明，因此一旦從無明中解脫出來，所有的精神障礙便會自動消散，一如影子在太陽初升之際就會消失無蹤。悉達多這些深刻的洞見就是他修習甚深禪定的果實。

他微笑著，抬頭望向一片倚在蔚藍天空的畢波羅樹葉，它那搖拽著的尾巴就像在呼喚著他似的。深深地望著樹葉，他很清楚地見到太陽和星星存在其中——如果沒有太陽，沒

有光線與溫暖，樹葉是無法生存的。這就是這樣，因為那就是那樣。他又見到泥土、時間、空間和心識——全都同時存藏在樹葉裡面。其實在那一刻，整個宇宙都存於那片樹葉之內，那樹葉的實相簡直就是一個奧妙無比的奇蹟。

我們通常都以為一片樹葉只會在春天生長，但喬答摩卻見到它久遠以來已經存在於陽光、白雲、那棵樹和他自己之間。如果見到樹葉從未出生過，他也會見到自己從未出生過。樹葉和他自己，兩者都只不過是顯現出來的現象罷了——他們根本從未生過，也是永不可能滅亡的。有了這種徹悟，生與死、出現與消失，都一併溶解，而樹葉和他自己的真面目便隨之流露出來。他體會到，任何一種現象的存在都有引起其他現象產生的可能性。單一之中包含所有，而所有也存藏於單一。

那片樹葉與他的身體合而為一，他們彼此都沒有個別、永恆的自體。任何一樣東西都不能夠脫離宇宙其他的一切，獨自生存。見到所有現象的互依性，悉達多了悟到，一切世法皆空——一切事物都根本沒有個別獨立的自性。他明白了「互依性」和「無我」這兩個原理，就是開啟解脫之門的鎖匙。薄薄的雲在天空中飄浮而過，為透光的畢波羅樹葉掃上了白色的背景。或許這晚，白雲會遇到冷鋒而變成雨水。雲是一種現象；雨又是另一種，雲也是無生無滅的。喬答摩想，如果白雲明白這個道理，當它變為雨水落在高山、森林

和稻田的時候，肯定會歡欣地歌唱起來。

　　點燃了他的色（物質）、受（感受）、想（認知）、行（意志）、識（意識）等五蘊的川流，悉達多現在明白「無常」與「無我」就是生命的必須條件。沒有「無常」和「無我」，任何事物都無法生長、發展。就如一粒米，如果不是無常、無我，它就不會生長成稻；如果雲不是無常、無我，它就不會變成雨水；如果不是無常性和無自性，一個小孩就不會長大成人。「因此，」他想：「接受生命就是去接受無常與無我。痛苦的根源正是來自『有常』和『有分別個體』的妄見。體悟到這個道理，就能明白一切皆無生無死、無起無滅、無一無多、無內無外、無大無小、無垢無淨。『有常』、『有我』的觀念都是思巧上所產生的虛假分別。只要洞悉一切事物的空性，所有精神上的障礙都可以超越，進而從痛苦的巨輪中解脫出來。」

　　經過了一夜又一夜，喬答摩在畢波羅樹下禪坐，讓他的覺察之光照耀到他的身、心以及整個宇宙。他的五個同伴早已離棄了他，他現在的同修就是樹林、河流、雀鳥和住在樹上或泥土裡的千萬蟲蟻。這棵巨大的畢波羅樹就是他修行道上的兄弟，每晚當他坐下來禪修時在天邊出現的晚星，也是他的同修兄弟。他往往禪坐直至深夜。

　　村裡的兒童通常都是中午之後來探望他的。一天，善生為他帶來一些蜜糖乳粥，而縛悉底帶來的，則是一大把鮮

草。縛悉底離開那裡，帶水牛回家之後，喬答摩被一種很深切的感覺抓住，這感覺就是他會在當晚大徹大悟，證得大道。就在前一夜，他已做了一些奇異的夢，在其中一個，他看見自己側身躺著，兩膝緊貼著喜瑪拉雅山，左手觸摸著東海岸，右手觸摸著西海岸，雙腳則放在南海岸上。在另一個夢裡，他的肚子下生出一朵大如車輪的蓮花，一直上升至最高的雲霄。在第三個夢裡，無數不同顏色的雀鳥，從四方八面向他飛來。這些夢境都似乎在預告著，他即將證得偉大的覺悟。

那天黃昏，喬答摩在河邊行禪。他涉進水中沐浴。夜晚將至，他回到畢波羅樹下坐著，看著樹下新鋪上的姑尸草，微微笑著。就是在這棵樹下，他於禪定中得到一些重要的發現。現在，他期待已久的時刻漸漸接近了，證得大道之門即將開啟。

不緩不急，悉達多慢慢盤腿，跏趺蓮坐。他望向遠處的河水，在輕吹著沿岸小草的微風中悄悄地細流著。夜裡的森林雖然恬靜，卻仍然活躍，他的周圍有上千種各式各樣的昆蟲在鳴叫著。他把覺察力轉到他的呼吸上，然後輕輕地闔上眼睛。晚星在天邊出現了。

縛悉底合上雙掌，吞吐說道：「導師，你今天很不同啊！」

18

晨星出來了

　　透過念念留心專注的覺察，悉達多的身、心和呼吸都達至完滿的合一。他在念力上的修習，使他培養出很大的定力，而他就是用這種定力，幫助他觀照他的身和心。進入甚深禪定之後，他可以辨察到當時他身體內存在著的無數眾生，包括了有機或無機的、礦物的、草苔的、昆蟲、動物和人等。在那一刻，他也察視到所有其他眾生就是他自己。他看見自己所有的過去生，和每一生的生生死死。他看見無數星體和世界的建造與毀滅。他感受到所有生靈的喜樂與悲哀——這些生靈包括了胎生、卵生和細胞分裂而成的生命。他看見自己體內的每一個細胞都蘊藏著天地萬物，而且更跨越過去、現在和未來。那時，剛好是夜裡的第一更。

　　喬答摩進入更深的禪定。他見到無數世界的盛衰成壞，他見到無數眾生所經歷的生生世世，他見到這些生死，全都只是現象而非實相。就如億萬的波浪不停地在海面起伏，大海本身是不落生死的。只要波浪明白它們其實是海水，它們便可同樣超越生死，不再懼怕，而獲至內心的平靜和安穩。這個證悟令喬答摩自己也超越了生死的羅網，他笑了，他的微笑就像深夜裡綻開的花朵，發散著一環榮光。那是屬於妙察的微笑，妙察的了悟能夠破除一切煩惱。這是他在第二更所證得的體悟。

　　就在這時，雷聲忽然響起，一道巨大又閃亮的電光劃過天際，彷彿把天空撕成兩片。重重的黑雲掩蓋了月亮和星星，接著是滂沱大雨。喬答摩濕透了，但卻絲毫沒有移動，他繼續禪定。

　　他完全沒有被動搖，繼續把覺察力照到他的心上。他見到眾生因為不明白他們實與萬物同體，而陷於苦惱。這種無明，產生了無限的悲憂、迷惑與煩惱。無明是貪欲、憤怒、傲慢、疑惑、嫉妒和恐懼的根源。當我們學會把心靜定下來，看清楚事物的真相，我們便能獲得全面性的瞭解，這份瞭解能夠消融悲傷與煩憂，將之轉變為接受與愛心。

　　喬答摩現在體悟到，瞭解和愛心原是一體，沒有瞭解就不可能有愛心。每個人的處境，都是他的肉體、精神和社會狀況的產物。如果我們明白這一點，便連一個最殘忍的人也

不會憎恨，只會希望盡力幫助他改善他的肉體、精神和社會的狀況。真正瞭解一切後，會令我們產生慈悲與愛心，從而導致正確的行為。要去施愛，首先就要去瞭解，因此，瞭解就是解脫之鑰。要讓自己能夠清楚明白地瞭解，我們在生活中就必須留心覺照，在當下的每一刻去直接體驗生命，洞察自身內外正在發生的一切。鍛鍊念念留心體察，可以使我們看到一切事物的核心而使其無所遁形。這就是念力的寶庫——它能夠領導我們達至解脫和徹悟。生命的燃亮有賴正見（正確的見解）、正思惟（正確的思惟）、正語（正確的語言）、正業（正確的行為）、正命（正確的工作）、正精進（正確的精勤）、正念（正確的念頭）和正定（正確的定力）。悉達多稱這些為「正道」。

深入地察視眾生，悉達多能洞悉每個人的心念，無論他們身在何處。他又能聽到每個人的叫喊，不論是為悲或是為喜。他也同時證得天眼、天耳和來去無礙等神通能力。現在已是三更將過，雷電都已歇止了，雲層也捲了起來，讓明月和星星重現天際。

喬答摩感到將他監禁了千百世的牢獄，突然破開了。無明就是監禁著他的獄吏。一向以來，他的心被無明所蒙蔽，就像星月被暴風中的黑雲掩蓋一般。因為不停地被妄想的浪潮障蔽著，心識便錯誤地將實相分成主客、自他、存亡、生死等相對意識。從這些分別心又再生起妄見——感受、愛

欲、執取和追尋之牢獄。生、老、病、死的痛苦只是再把牢獄的圍牆加厚。唯一的辦法就是捉拿禍首獄吏,看清他的真面目,而禍首就是無明。只要把它解決了,牢獄便自然解體,永遠不會再重建起來。

喬答摩微笑著,對自己喁喁細語:「囚禁我的獄吏啊,我此刻已看見你。你把我關在這生死的牢獄已有多少世了?但我現在已把你看得清楚透徹。從這一刻開始,你再也不能在我的周圍建起牢獄了。」

抬頭望去,悉達多看見晨星在天邊出現,像一顆巨鑽般閃閃生輝。不知多少次,他曾在畢波羅樹下見過這顆晨星,但這個清晨,卻像是他第一次見到晨星一般。它的燦爛光輝有如徹悟的歡欣笑容。悉達多凝望著星星,油然而生的慈悲使他感歎起來:「所有眾生都潛藏著開悟的智慧種子,可惜我們多生多世都被淹沒在生死的汪洋裡!」

悉達多知道他已找到大道,達到了他的目的,所以他內心平和自在。他回想起這些年來的尋覓,當中經歷過的失望與艱苦。他想起父母、姨母、耶輸陀羅、羅睺羅和他的朋友。他又想起王宮、迦毘羅衛城、他的人民與國家,以及所有在痛苦貧困中生活的人,尤其是小孩。他對自己承諾,要把他的發現與大眾分享,以使他們從苦痛之中解脫出來。從他的徹悟中流露出來的,是對眾生的一股深切的愛。

在河邊的草坪上,顏色鮮豔的小花朵在清晨的陽光裡盛

開著。太陽光在樹葉和水面上蹦蹦跳跳，他的苦痛全消，一切生命的奧妙都顯露無遺。每樣事物都變得出奇地新鮮。那藍天與白雲是何等美妙啊！他覺得自己和整個宇宙彷彿都被重新創造過。

就在這時，縛悉底出現了。看見這個年少的牧童向他跑來，悉達多笑了。縛悉底突然停了下來，口兒張得大大的，怔視著悉達多。悉達多叫道：「縛悉底！」

這孩童回過神來，回應道：「導師！」

縛悉底合起掌來鞠躬，向前走了幾步之後，又再驚奇地凝視著悉達多。對自己的表現有點不好意思，他吞吞吐吐地說：「導師，你今天很不同啊！」

悉達多示意縛悉底走近一些，然後擁抱著他說：「我今天怎樣不同？」

望著悉達多，縛悉底答道：「很難說，你就是不同。你，你好像一顆星星。」

悉達多摸摸小孩的頭，說：「是嗎？我還像什麼？」

「你看上去很像一朵才剛綻放的蓮花。還有，還有像伽耶山頂上的月光。」

悉達多望入縛悉底的眼裡，說：「怎麼了，縛悉底，你是個詩人啊？現在告訴我，為什麼你今天這麼早？還有，你的水牛在哪裡？」

縛悉底解釋說他今天不用牧牛，因為全部的水牛都下田

去了，只剩下乳牛在牛房裡。他今天的工作就只是割鮮草。昨夜，他和弟妹們被雷聲驚醒，豪雨從破屋蓋傾倒而下，把他們的床全都弄濕了。他們從未見過這樣兇猛的暴風雨，因此也擔心在森林中的悉達多。他們幾個蹲在一起，直至風雨過後，才再度入睡。天一亮，縛悉底就跑到牛房，拿了鐮刀和擔竿，前來森林看看悉達多是否無恙。

悉達多執著縛悉底的手。「今天是我有生以來最快樂的一天。如果可以的話，下午帶著所有的小朋友來畢波羅樹下見我吧！別忘記帶你的弟妹啊！不過，現在先去割些姑尸草回去給水牛。」

縛悉底開心得邊走邊跳地離去，悉達多則沿著陽光普照的河岸，緩緩地走著。

19

對橘子的專注

　　那天中午，當善生帶食物來給悉達多時，發覺他正坐在畢波羅樹下，如晨曦一般美麗。他的臉孔和身體都散發著安詳、喜悅和平靜。她曾見過悉達多莊嚴地坐在畢波羅樹下不下百次，但他今天顯然和以往有些不同。望著悉達多，善生感覺到自己的苦惱全消，心裡充滿著如沐春風的快樂。她覺得在這世界上，她再也沒有什麼需求與渴望。宇宙間的一切已是如此美好，沒有人需要再憂愁了。善生向前走上幾步，把食物放在悉達多面前。接著，她向他鞠躬。她感到悉達多的安詳和喜悅灌入了她自己的體內。

　　悉達多對她微笑說道：「來，跟我坐在這裡，我很感謝你這幾個月來為我帶來食物和水。今天是我有生以來最快樂

的一天，因為我昨夜已證得大道，請你也一起為此高興吧！我不久便要去教導其他人這條道路。」

善生很詫異地望著他。「你要走？你是說你要離開我們？」

悉達多慈和地笑著說：「是的，我一定要離開，但我不會離棄你們這群小孩的。我走之前，會讓你們知道我所發現的道路。」

善生還是不太肯定，正當她想再問下去時，悉達多卻先說：「我會多留幾天和你們在一起，好讓你們能分享我所學到的，在那之前，我是不會上路的。即便我走了，也不代表我會永遠離開你們。每隔一段時間，我就會回來探望你們的。」

善生感到安慰，她坐下來把蕉葉掀開，把飯糰供上，然後靜靜地坐著看悉達多吃飯。她看著悉達多把飯糰捏開，再把每一小團沾上芝麻鹽。她心裡充滿難以形容的喜悅。

吃過飯後，悉達多囑咐善生先回家去，他說他下午想要在森林裡和村童們會面。

很多小童都來了，包括縛悉底的弟妹。所有的男孩都洗過澡和換了乾淨的衣服，女孩子則穿上了漂亮的紗麗。善生的紗麗是象牙色的，難陀芭娜穿著蕉芽色的，而媲摩的是粉紅色。他們就如鮮豔的花朵，在畢波羅樹下圍繞著悉達多而坐。

善生特別帶來了一籃椰子和棕櫚糖塊。孩子們把椰肉挖出來和美味的糖塊一起吃。難陀芭娜和善柏錫則帶了一籃橘子來。悉達多和小童一起坐著，處於全然的喜樂中。盧培克把一些椰子和棕櫚糖放在蕉葉上供奉給悉達多，難陀芭娜又送上一個橘子。悉達多把它們收下，和孩子們一起吃。

他們正吃得興高采烈的時候，善生向大家宣布：「親愛的朋友們，今天是我們導師最快樂的一天，他已找到大道了，我覺得這天對我也很重要。兄弟姊妹們，讓我們把今天當做喜慶的日子吧！我們應為導師的開悟而慶祝。尊敬的導師，大道已找到了。我們知道您不可能永遠和我們一起，請您教導我們那些您認為我們可以明白的東西吧！」

善生合上雙掌向喬答摩鞠躬，以示恭敬和誠意。難陀芭娜和其他小童也都合起掌來，鞠躬致意。

悉達多輕聲叫孩子們坐起來，說道：「你們都是十分聰明的小孩，要明白並做到我想與你們分享的東西肯定沒有問題。我所發現的大道是很深奧的，不過任何願意全心全意去學的人，都一定能夠明白並照著做。

「你們平時把橘子剝皮來吃，吃的時候可以專注或不專注。怎樣才是吃得專注呢？那就是當你吃橘子的時候，你很清楚知道自己正在吃橘子，你可以徹底感受到橘子的香和甜。當你剝橘子的皮，你知道自己在剝皮；當你把一片橘子剝下來放進口裡，你知道你是在把一片橘子剝了下來放入口

村童留心專注地傳送橘子。

裡;當你享用芳香和美味的橘子時,你會覺察著你在**體驗那
芳香和美味**。難陀芭娜給我的橘子有九片,當我吃每一片的
時候,我都覺察著它是如何難得和美好。我吃著橘子的時
候,一直都沒有忘記它。所以對我來說,橘子是非常真實
的。如果橘子是真實,吃它的人便也是真實的了。這就是怎
樣去專注地吃橘子。

「孩子們,怎樣是不專注地吃橘子呢?當你吃橘子時,
你並不知道你在吃橘子。你沒有去體驗著橘子的香和甜。當
你剝橘子的皮,你並不知道你是在剝它的皮;你把一片橘子
撕下來放入口中,但你卻不知道自己正把一片橘子放入口
中;當你嗅到橘子的芳香和嚐到橘子的美味,你也不知道你
在嗅著它的香或嚐著它的味。這樣吃橘子,你是不會欣賞它
的可貴與美好的。當你沒有覺察到自己正在吃橘子,那橘子
便不是真的了。如果橘子不是真實的,那麼吃橘子的人就都
不是真實的了。孩子們,這便是不專注地吃橘子。

「孩子們,留心吃橘子的意思,就是要在吃的時候真正
地與橘子接觸、溝通,你的心沒有想著昨天或明天,而只是
全神貫注地投入這一刻,這時那橘子才算真正存在。念念留
心專注,就是要活在當下,身心都投進此時此處。

「一個修習專念的人可以從橘子裡看到別人看不到的東
西。一個留心覺察的人可以看到那棵橘子樹、橘子樹在春天
綻放的花朵,以及滋養橘子的陽光和雨水。細看之下,我們

可以看到一萬種導致橘子產生的東西。看著橘子，一個修習專注的人能看到宇宙間的奧妙和萬事萬物的相互關係。孩子們，我們的日常生活就像橘子一樣，就如每個橘子是由片片的橘子肉組成的，每一天也是由二十四小時組成的。一小時就如一片橘子肉，生活了二十四小時就如吃完了全部的橘子肉。我所找到的道路，就是每一個小時都活在專注覺察之中，心念永遠只投入當下這一刻。與此相反的做法，就是活得糊塗，如果那樣活著，我們其實不知道自己是活著的，我們並沒有徹底去經驗生命，因為我們的身和心都沒有投入此時此處。」

喬答摩望著善生，叫她的名字。

「導師，有什麼事嗎？」善生合起掌來。

「你認為一個生活得留心專注的人，犯下錯誤的機會是多還是少呢？」

「尊敬的導師，這個人一定很少犯錯。我母親常告訴我，一個女孩要留意她怎樣走路、站立、說話、歡笑和工作，以免在思想、言語和行動各方面犯錯，讓別人或自己傷心。」

「正是這樣，善生。一個留心專注生活的人，永遠知道自己在想什麼、說什麼和做什麼。這樣的人可以防止自己的思想、說話和行為傷害了自己或別人。」

「孩子們，生活得留心專注就是要活在當下這一刻。你

必須知道自己的身心在發生些什麼事，又要同時覺察到自己環境中所發生的一切。你應該直接與生活接觸，如果你繼續這樣生活下去，你對自己和環境就會很瞭解，明白瞭解後就能夠生起寬容心和愛心。當每個人都瞭解別人時，所有的人便都能互相包容、互相愛護。那時候，這個世界就不會再有那麼多痛苦了。縛悉底，你認為怎樣呢？如果沒有瞭解，人們可以有愛嗎？」

「尊敬的導師，沒有瞭解是很難有愛的。這讓我想起曾經發生在媲摩身上的事。有一晚她哭個不停，芭娜實在忍不住了，便在媲摩的臀部打了幾下。哪知媲摩哭得更厲害，我抱起媲摩，發覺她有點熱，我非常肯定她是因為發燒而頭痛，便叫芭娜摸一摸媲摩的額頭。她這麼做之後，便明白媲摩為什麼這麼煩躁。她的眼神變得很溫柔，把媲摩抱了起來，充滿愛心地唱著兒歌逗她。媲摩雖然仍在發燒，卻不再哭了。尊敬的導師，我想這就是因為芭娜瞭解媲摩為什麼不安，而改變了態度。所以，我相信沒有瞭解就不可能有愛的。」

「就是如此，縛悉底！有瞭解才可能有愛，有了愛，就能接受和包容。孩子們，在生活上修習留心專注吧！它會讓你們加深對一切事物的瞭解。如此，你們便會明白自己、其他人和一切事物了。那時，你們便會更有愛心，這就是我所找到的美好之道。」

　　縛悉底合起掌來。「尊敬的導師，我們可以把它稱作『覺察之道』嗎？」

　　悉達多笑笑。「當然可以。我們可以稱它為『覺察之道』，我很喜歡這稱呼。『覺察之道』可導致圓滿的覺醒。」

　　善生合上掌來想發言。「您是覺醒的人，您已懂得教我們留心專注地生活在覺察之中。我們可否稱您為『覺醒者』？」

　　悉達多點頭。「那會讓我很高與啊！」

　　善生眼睛亮起來，她繼續說：「『醒』用摩揭陀語發音就是『佛』，一個覺醒的人用摩揭陀語說就應該叫『佛陀』了，我們可以稱您為『佛陀』。」

　　悉達多點點頭，所有的村童都非常開心。其中年紀最大的男童，十四歲的那勞卡說：「尊敬的佛陀，我們很高興接受您教我們『覺察之道』。善生曾告訴我，您過去六個月來怎樣在這棵畢波羅樹下靜坐修行，直至昨夜證得大覺悟。尊敬的佛陀，這棵畢波羅樹是全森林中最美麗的一棵。我們可否稱它為覺醒的樹——『菩提樹』？『菩提』與『佛陀』同一根源，都是覺醒的意思。」

　　喬答摩點頭，他也非常開心。他意想不到與這群小童在一起，會讓他自己、他證得的大道，甚至那棵樹，都獲得這些特別的名稱。難陀芭娜合起雙掌，說道：「天就快黑了，我們要回家去了，但明天我們會再來聆聽更多的教導。」他

們全部站起來，合起雙掌如蓮苞狀，以示感謝佛陀。回家途上，他們一邊走，一邊有說有笑，開心得像群雀躍的小鳥。佛陀也很快樂，他決定留在森林一段時間，以便探究什麼是散播覺醒的種子最好的方法。同時，他也打算給自己一些時間，好好享受一下證得大道所帶來的大自在。

20

一隻鹿

佛陀每天都在尼連禪河裡沐浴，他會在河岸兩旁或森林裡那條他走出來的小徑上行禪，也會在河邊或百鳥爭鳴的菩提樹下坐禪。他已圓滿了他的大願，知道自己應該回到迦毘羅衛城，去見所有期待著他得道消息的人。他又想起在王舍城的頻婆娑羅王，他對這位年輕的國王有一份特別的好感，因此也很想去探訪他。還有他從前的五個同伴，他知道他們已具備很快達到解脫的條件，因此也很希望早點找到他們，他們應該仍在附近的。

河流、天空、星月、山林、以至每一葉青草、每一粒塵埃，都因佛陀而起了變化。他知道多年來對大道的尋覓是沒有白費的。其實，那些艱辛和考驗，都有助於他最後的證

道。所有眾生都本具開悟的心性，每個人都存藏著開悟的種子，眾生都不用向身外求開悟，因爲他們本身就含藏著宇宙間的所有智慧和力量。這是佛陀的偉大發現，更是所有眾生應該爲之慶幸的。

村童都常常來探望他。佛陀很高興見到解脫之道可以這麼簡單、自然地表達出來。即使是從未讀過書的窮苦村童也能明白他的教導，這對他是莫大的鼓舞。

一天，小童帶了一大籃橘子來，想練習佛陀所教導的第一課，在吃橘子的時候專注地留心覺察。善生禮貌地向佛陀鞠躬後，便把籃子放在他面前。佛陀合上掌，然後拿起一個橘子來，接著，善生把籃子傳給坐在佛陀身邊的縛悉底，他也同樣合起掌來，拿了一個。善生繼續把籃子傳送給每一個孩子，直至每人都有一個橘子，然後，她自己才坐下來，如其他人一樣合上雙掌拿了一個橘子。他們全部默默地坐著，佛陀囑咐他們隨著自己的呼吸一邊微笑，他用左手拿起一個橘子，專注地望著它，小孩們也都跟他這樣做。他慢慢地把橘子的皮剝下，孩子們也把自己的橘子皮剝下，老師和學生一起在靜默覺察中專注地享受著他們的橘子。大家吃完後，芭娜就把全部的橘子皮收集起來。他們都十分高興能和佛陀一起這樣專念地吃橘子。能與小孩們一起修習，佛陀也感到無限快慰。

村童通常會在午後來探訪佛陀。他教導他們怎樣坐著，

隨著呼吸使惱怒或悲傷的心境平靜下來，又教導他們行禪來使身心清新舒暢，他更教導他們要深深體察他人和他們的行為，以使自己能體會、瞭解，而且能去愛。孩子們都明白了他所教導的一切。

難陀芭娜和善生花了一整天縫製一件新的道袍送給佛陀。它的顏色像瓦磚，和佛陀的舊袍一樣。當善生知道佛陀身上的衣服，原來就是她家因傷寒死去的僕人寶珠屍體身上的布時，她差點哭了起來。

當兩個女孩子把新衣送來時，佛陀正在菩提樹下坐著。她們靜候佛陀從禪坐中出來後，才奉上新衣，佛陀很高興。

「我很需要這件衣服啊！」他說。他又告訴她們會把舊的留著，以便他洗衣時可作為替換，於是善生和難陀芭娜私底下決定再做一件給他。

一天，善生的十二歲朋友芭娜崛多請佛陀教導她們朋友之道。就在前一天，她與她最要好的朋友佳莉嘉鬧翻了。來看佛陀的路上，芭娜崛多雖然經過佳莉嘉的家，但卻不肯進去，直到後來因善生的相勸，她才勉為其難地進到屋裡。佳莉嘉也只是因為善生同行，才答應一起前來的。當幾個女孩抵達後，芭娜崛多和佳莉嘉彼此坐在距離很遠的地方。

佛陀告訴她們一個關於一隻鹿、一隻小鳥、一隻海龜和一個獵人的故事。他說這是發生在幾千年以前的事。在那一生中，他是一隻鹿。孩子們覺得有點奇怪，但他解釋說：

「在過去世中，我們都曾經是土、石、露、風、水、火。我們也曾是苔、草、樹、蟲、魚、龜、鳥和哺乳類動物，這些都是我在禪定中很清楚見到的。因此，在那一世，我是一隻鹿，這其實是很平常的事。我仍記得自己曾是兀立在山峰上的一塊畸石，又有一生是棵梅子樹，你們也都是一樣。我要告訴你們的這個故事，是關於一隻鹿、一隻小鳥、一隻龜和一個獵人的，或許你們其中一個曾是那隻小鳥或海龜。

「我們都曾在地球上還沒有人類或其他鳥獸的時期生活過。那時，只有海洋裡的植物和地球表層的樹木。在那個時候，我們可能是沙石、露水或植物。後來，我們便經歷了雀鳥動物的生命，終於而為人類。現在，我們就不單只是人類了，我們也是稻米、橘子、河流和空氣，因為沒有這些，我們都不可能存在。當你們看見稻米、椰子、橘子和水時候請牢記，在這一生中，你們要依賴很多其他生物才能生存，這些生物都是你們的一部分，如果你們能體會到這一點，就會經驗到真正的瞭解和愛。

「雖然我要說的故事發生在幾千年以前，但同樣的故事也隨時可能會發生在這個時代。仔細地聽，看看你們和故事裡的動物有沒有相似的地方。」

於是，佛陀開始述說這個故事。那時，佛陀是森林裡的一隻鹿，牠很喜歡到附近一個清澈的湖去喝水。湖裡住著一隻海龜，而湖邊的一棵楊柳樹則住著一隻喜鵲，鹿、龜和喜

鵲便成為很好的朋友。一天，一個獵人跟著鹿兒的足跡來到湖邊，在那裡用繩索布下羅網，然後回到了森林外的房子裡。

那天，鹿兒前來喝水的時候，不小心踏進了陷阱，動彈不得。牠的叫喊聲被海龜和喜鵲聽到了。於是，海龜從水裡爬出來，喜鵲也從樹上飛下來，一起商量著有什麼好辦法可以救救牠們的好朋友。喜鵲說：「海龜姐姐，你的牙齒比較有力，可以把繩子咬斷。我想辦法去拖延獵人，阻止他前來。」說完之後，喜鵲便趕忙飛走了。

海龜在那裡開始磨咬繩索，而喜鵲飛到獵人的房子後，便在他家正門的一棵芒果樹上守候了整夜。破曉時分，獵人拿著利刀走出門來，喜鵲見狀便立刻用盡全力飛撲到獵人的臉上。被這一襲，獵人被嚇得手忙腳亂，不知所措，馬上走回房子裡。他躺在床上休息了一會兒，起來時，又再次拿起利刀，不過這次卻從後門出去。聰明的喜鵲早有準備，已在房子後面的一棵桑科樹上等著，結果他又被喜鵲撲擊了一次。被襲了兩次後，獵人回到房子裡仔細思量，自認當天倒楣，只有等到翌日再出去。

第二天，獵人一大清早起來，拿著刀準備出去，但為了防止再度被襲擊，他帶上帽子，保護著頭部。喜鵲看見自己無法再阻擋獵人，只好立刻飛回去提醒牠的朋友。

「獵人已經上路了！」

海龜已經差不多把繩索全咬斷了，只剩下一條，而這一條繩索卻如鋼鐵般堅硬。牠的牙顎都已經因兩天一夜的不停磨咬而受傷流血，但直到現在牠都還沒有停下來。就在這時，獵人出現了。在極度恐慌之下，鹿兒用力掙脫了最後一條繩索，跑到了森林裡，喜鵲也飛回楊柳樹上。只有海龜因耗盡體力，一動也不能動。看見鹿兒跑了，獵人滿腔憤怒，他把海龜抓起來，扔到他掛在楊柳樹上的皮袋裡，然後，出發去找那隻鹿。

鹿兒在樹叢中看到海龜的遭遇，牠想：「我的朋友為了我而冒生命的危險，現在該是我替牠們做點事的時候了。」牠故意走出來讓獵人看見牠，然後假裝很疲弱地跛著腳走下山徑。

獵人想：「這隻鹿已快沒力氣了，我就跟著牠，再找時機殺了牠吧！」

他尾隨著鹿兒走進森林的深處，而鹿兒也故意與獵人保持一段距離。等到他們走至離湖邊很遠的地方時，鹿兒突然飛奔起來，跑得無影無蹤。牠把自己的足印用泥土掩蓋掉，然後立刻回到了湖邊，用鹿角把皮袋挑下來，再把它搖鬆，放海龜出來。喜鵲這時也飛來與牠們會合。

「你們倆今天真的把我的命從獵人的刀下救回來！」鹿兒說。「我擔心他不久之後會再回來。喜鵲，你先飛回林中安全的地方。海龜姐姐，你也快點游回水裡躲起來。我會走

到森林裡。」

獵人回到湖邊，發覺空的皮袋掉在地上，非常懊惱，只好拾起皮袋，手上仍執著利刀，拖著疲乏的腳步回家了。

小孩們出神地聽著佛陀講這個故事。當佛陀說到海龜因咬繩索而口上鮮血淋漓時，盧培克和善柏錫都差點哭了。佛陀問他們：「孩子們，你們認爲怎樣呢？很久以前，我是那隻鹿，你們有誰是海龜嗎？」

四個孩子舉起手來，其中一個是善生。

佛陀再問：「那誰是喜鵲？」

縛悉底立刻舉手，佳莉嘉和芭娜崛多也同時把手舉起來。

善生望望佳莉嘉，又望望芭娜崛多。「如果你們兩個都是喜鵲，那你們便是一個人了。喜鵲生喜鵲的氣，有什麼好處？我們爲何不能像鹿、龜和喜鵲那樣做好朋友？」

芭娜崛多站起來，走到佳莉嘉身邊，用自己小小的雙手執著她朋友的手。佳莉嘉把芭娜崛多拉到身旁，挪出一個空位讓她坐下來。

佛陀笑了，「你們的確明白這個故事了。記住，像這樣的故事，在我們的日常生活中不時都在發生。」

佛陀提著衲衣涉水過河，然後行禪前往他喜愛的蓮池。

21

——

蓮花池

　　村童回家後，佛陀便開始行禪。他把道袍拉起至腰間，涉水過河，然後沿著一條夾在兩塊稻田間的小徑，來到他最喜歡的蓮花池。就在這裡，他坐下來觀想美麗的蓮花。

　　當他看著蓮莖、蓮葉和蓮花時，便想起一朵蓮花生長的不同階段。它的根藏在泥裡，一些枝莖未能生出水面，而另一些則剛好伸了出來，顯露著蜷曲的新葉。那裡有一些含苞待放的蓮苞、一些已經完全綻放的蓮花，還有一些花瓣已全部脫落的蓮蓬。池裡的蓮花，有白色、藍色和粉紅色的。佛陀觀察到人與蓮花並無二致，每個人都有自己個別的先天條件。提婆達多不像阿難陀；耶輸陀羅和芭蜜莎王后也很不相同；善生和芭娜更有分別。個性、美德、才智和天賦，在不

同人身上都有很大的差別。佛陀證得的解脫之道，亦必須以各種不同的方法來教化不同種類的人。他想著，教導那些村童實在很令人安慰，因為他可以用最簡單的方法與他們溝通。

不同的方法就如不同的門，讓不同的人可以進入其中，明白教理。「法門」是因為直接與人群接觸而產生的，佛陀並沒有在菩提樹下神奇地被授與各種現成的方法。他認為自己一定要重入社群，才能轉動法輪並散播解脫的種子。從開悟到現在已經四十九日，應該是離開優樓頻螺的時候了。他決定第二天早上出發，離開尼連禪河畔清涼的樹林、菩提樹和孩子們。首先，他希望去找他的兩位老師阿羅羅迦羅摩和鳥陀迦羅摩子，他有信心他們會快速證得大道。輔助兩位尊者後，他便打算去找與他一起苦行的五個朋友，然後，他就會去摩揭陀重訪頻婆娑羅王。

第二天早上，佛陀穿上他的新衣，在清晨的淡霧中步行進入優樓頻螺。他來到縛悉底家中，告訴這個少年牧童和他的家人他要離去。佛陀輕輕地拍撫每個孩子的頭，然後一起走向善生的房子。善生聽到這個消息，不禁哭了起來。

佛陀說：「我必須離開這裡才能完成我的任務，但我答應你們，一有機會一定會回來探望你們。你們實在幫了我很多忙，我非常感謝。請謹記要修習我和你們分享的東西，這樣我便離你們不遠。善生，快抹乾你的眼淚，給我一個微笑

吧！」

善生用她的紗麗裙角拭乾眼淚，勉強露出了一個微笑，接著他們便一起走到村外。正當佛陀準備轉過頭來話別時，他留意到一個年輕的苦行者朝他而來。那苦行者合上雙掌作禮，並好奇地望著佛陀，過了一會兒，他才說：「出家人，您看起來容光煥發、十分安詳。請問您尊姓大名，是追隨哪一位大師的？」

佛陀回答：「我的名字是悉達多喬答摩，曾追隨多位導師修學，但現在卻沒有導師。請問您從哪兒來的？尊姓大名呢？」

那苦行者答道：「我叫優婆伽，剛離開烏陀迦羅摩子大師的修行中心。」

「烏陀迦大師身體好嗎？」

「大師幾天前剛過世了。」

佛陀歎了一口氣。他始終都不能幫到他老人家的忙。他又問：「你有跟隨過阿羅羅迦羅摩大師修學嗎？」

優婆伽回答：「有，不過他最近也過世了。」

「那你可曾認識一個叫憍陳如的出家人呢？」

優婆伽說道：「當然認識，我在烏陀迦大師那裡時，聽說過他和另外四名僧人。我聽說他們現在正住在王舍城附近的鹿野苑修行。喬答摩，請您不要介意，但我要繼續上路了，我還有很遠的路程要走。」

佛陀合掌與優婆伽道別後，便隨著河流向北而行。他知道這是較長的一條路，但卻比較容易走。尼連禪河向北流入恆河，如果隨著恆河向西而行，他在幾天之內便可到達巴連弗。在那裡越過恆河，便可到達伽尸的都城，王舍城。

孩子們一直看著他走遠，直至他走出眼簾。他們都十分悲傷，內心充滿了期盼。善生在哭泣，縛悉底雖然也很想哭，但卻不想在弟妹面前流淚。過了一段時間，他說道：「善生姐姐，我要去準備牧牛了。我們該回家了，芭娜，今天記得給盧培克洗個澡。來，讓我抱媲摩。」

他們沿著河岸返回村裡，沒有人說一句話。

阿難陀尊者十分和藹可親，而且還非常英俊，他也擁有驚人的記憶力。

佛陀在每一次法會所說的，阿難陀都可以一字不漏地全部記下。縛悉底和羅睺羅很感激阿難陀為他們重述佛陀在《看顧水牛經》上所說的十一項要點。縛悉底也知道，阿難陀一定會記得他所述說的，有關佛陀在優樓頻螺森林時的事蹟。

縛悉底一邊說著，一邊留意著喬答彌比丘尼。她閃亮的眼睛告訴了縛悉底，她非常欣賞這些故事，因此縛悉底就連所有的小細節也盡量憶述。喬答彌比丘尼特別愛聽有關優樓頻螺小孩的情節，像那次他們和佛陀一起在森林裡吃橘子的

那一段。

羅睺羅也看得出來聽得非常高興。雖然馬勝是在兩天的講述中唯一沒有發過言的人，但他也顯然聽得津津有味。縛悉底知道馬勝是與佛陀一起修苦行的五個朋友之一，因此他也對佛陀獨自修行六個月後再與他們見面的情形十分好奇，可是，他又不好意思發問。喬答彌比丘尼心裡好像知道縛悉底的意思，她說道：「縛悉底，你想聽馬勝長老告訴我們關於佛陀離開優樓頻螺之後的事嗎？馬勝已經和佛陀在一起十年了，可是我相信他從未談起他們在波羅奈斯附近的鹿野苑時的情形。馬勝長老，你可以告訴我們佛陀第一次說法的情況，以及過去十年間所發生的一些事嗎？」

馬勝合起掌來，答道：「喬答彌比丘尼，不必稱呼我長老。今天，我們已經聽了許多縛悉底比丘所說的，而且也就快到禪坐的時間了。不如你們明天都一起來我的茅舍，到時我便可以詳細告訴你們我所記得的一切。」

憍陳如替佛陀拿缽、摩男拘利奉水、拔提拿凳、額鞞搧涼，而馬
勝則站在一旁，不知怎麼辦才好。

22

轉法輪

馬勝正在鹿野苑修習著苦行。一天，他坐禪之後，看到遠處有個僧人朝他而來。當這人走近時，他才發覺原來是悉達多，於是便立即跑去告訴其他四人。

拔提說：「悉達多半途棄道。他吃飯、喝乳汁，又和村童共聚，實在令我們失望。我認為沒有必要和他打招呼。」他們五個人決定不到大門迎接悉達多，又一致同意即使他自己進來鹿野苑，他們也不會理會他。但後來所發生的，卻與此完全不同。

當悉達多走進大門，他們五個都被他散發出來的莊嚴威儀所攝，立即站了起來。悉達多像是全身發光似的。他所踏出的每一步都顯現出一種罕見的精神力量，他那像能透視的

目光，完全改變了他們原本想給他白眼的意念。憍陳如走上前替他拿缽；摩男拘利趕緊拿水來給他洗手腳；拔提拉上凳子給他坐下；額鞞找了一塊大棕櫚樹葉替他搧涼；馬勝則站在一旁，不知道該做什麼才好。

悉達多洗完手腳，馬勝才發覺自己可以奉上一碗清水。他們五個人圍繞著悉達多而坐，悉達多則慈和地跟他們說：「兄弟們，我已找到了大道，我準備也讓你們知道。」

馬勝對悉達多的話半信半疑，也許其他幾個人也有同感，因此很久都沒人回應。最後，憍陳如吞吞吐吐地說：「喬答摩！你半途棄道，吃飯喝乳，又和村童在一起。你怎麼可能會證得解脫之道？」

悉達多看著憍陳如的眼睛，問道：「我的好朋友憍陳如，你認識我已經很久了。在這段時間裡，我曾對你說過謊話嗎？」

憍陳如承認他沒有。「是真的，悉達多，我從未聽你說過假話。」

佛陀說：「那你們都聽著吧，朋友，我證得大道，也希望讓你們證得。你們將聽到我第一次說法，這些法並不是我思惟而得的，而是我直接體證的。請你們平靜地、留心專注地聽。」

佛陀的聲音充滿了靈性上的威嚴，他們都合上掌來望著他。憍陳如代表他們說：「我們的朋友喬答摩，請你發慈悲

心，教導我們大道吧！」

佛陀平和地開始說：「兄弟們，每個人都應該避免走兩條極端的道路：其一是讓自己沉醉於感官物欲的享受之中，其二則是以異行和苦行剝削身體的需要，這兩種極端的行為都必然會導致失敗。我所找到的是不偏不倚的中道，它能帶領我們達至了悟、解脫和自在。它就是正見、正思惟、正語、正業、正命、正精進、正念和正定這八正道。我就是依這八正道而得證了悟、得解脫和自在的。

「兄弟們，你們知道我為什麼叫它『正道』嗎？因為它並不是要我們逃避苦惱或與之抗衡，而是讓我們可以直接面對痛苦，藉此降伏痛苦。『八正道』就是生活在覺察中的道路，而用心專注就是它的基石。修習念念專注會使我們培養出定力來，有了定力，我們才可以達至了悟。有了正定，我們自然也會有正確的覺察力、思想、言語、行為、工作和勤奮的態度。它帶給我們的了悟，更會使我們從每一點滴的痛苦中解脫出來，讓我們生起真正的安樂。

「兄弟們，世上有四種真理，它們是：苦（痛苦的存在）、集（痛苦的起因）、滅（痛苦的破滅）和道（導致痛苦得以消滅之道）。我稱它們為『四聖諦』。第一聖諦是痛苦的存在。生、老、病、死是痛苦；悲傷、憤怒、嫉妒、擔憂、惱慮、恐懼和哀愁等都是痛苦；與親愛的人分離是痛苦；與憎恨的人在一起也是痛苦；對五蘊的執著和欲望又是苦。

「兄弟們，第二聖諦是痛苦的根源。由於無明，我們看不到生命的真相，因而往往被困在欲望、瞋怒、嫉妒、傷心、憂愁和恐懼的火焰中。

「兄弟們，第三聖諦是痛苦的破滅。清楚瞭解生命的真理就可以帶來種種苦惱的止息，繼而產生平和與喜悅。

「兄弟們，第四聖諦是導致痛苦破滅之道。這就是我剛才解釋的八正道，八正道幫助我們在生活中培養留心覺察的能力，念念專注又可使我們得定，因而了悟生命的真理。徹悟之後，我們便可以從苦痛中解脫出來，得到自在與安樂。我會帶領你們走向這條覺悟之道的。」

正當悉達多解說著四聖諦的時候，憍陳如突然感到心裡有大光明映照，他嚐到了尋求已久的解脫。他的臉上泛起喜悅，佛陀指著他說：「憍陳如，你開悟了！你開悟了！」

憍陳如合起雙掌向佛陀鞠躬，至誠恭敬地說：「尊敬的喬答摩，請您收我為徒，我在您的指導下，肯定可以大徹大悟。」

其他四個僧人也同時向佛陀合掌鞠躬，要求佛陀收他們為徒。佛陀示意他們起來，然後對他們說道：「兄弟們！優樓頻螺的村童給我『佛陀』這個名字。如果你們喜歡的話，也可以這樣稱呼我。」

憍陳如問道：「佛陀的意思不就是『覺者』嗎？」

「是的，而且他們稱呼我找到的大道為『覺醒之道』。你

們認為這名字怎麼樣？」

「覺者！覺醒之道！很好！好極了！這些名字既真實又簡單。我們都會稱呼您『佛陀』，也會稱此道為覺醒之道。如您剛才所說，念念專注的生活就是精神修習的基礎。」他們五人都一致接納佛陀為師，並稱他為佛陀。

佛陀對他們微笑。「兄弟們，請你們用豁達明智的心懷去修行吧！這樣，你們三個月後便可證得解脫之果。」

佛陀留在鹿野苑教導他的五個朋友，他們也都放棄了怪異苦行的行徑。每天，三個僧人會外出乞食，回來把乞到的食物分給另外三個一起吃。佛陀對他們個別指導，使他們都能迅速進步。

佛陀為他們講說世法無常與無自性的真理，又教他們觀想五蘊為五條不停流動的河川，因而明瞭當中實無任何永恆或個別的存在體。「五蘊」就是指色、受、想、行、識。如果靜思五蘊，向內反照，他們將可看到自身與宇宙息息相關的微妙關係。

幸憑他們的努力精進，這五人終於證道。首先是憍陳如，而額鞞和拔提就在兩個月後證得。稍後，摩男拘利和馬勝也成就阿羅漢果位。

佛陀十分高興地告訴他們：「現在我們真的成了一個團體，我們就叫它『僧伽』吧！僧伽的團體是那些生活在和諧與專念覺察之中的人，我們必定要將覺醒的種子四處傳播。」

23

法蜜

　　佛陀習慣一早起來坐禪，之後再到樹林間行禪。一天清早，正當佛陀行禪的時候，看見一個樣貌俊朗、衣著高雅的二十多歲青年，在晨霧裡徘徊。佛陀隨即坐在一塊大石頭上。那人走近大石頭時，並未發覺佛陀，卻自言自語地說：「討厭！令人反感！」

　　佛陀開口說話了：「沒有什麼是討厭的，也沒有什麼值得反感。」

　　那年輕人停下來。佛陀的聲音清澈舒懷。那人望上來，看見佛陀在大石頭上，平靜安泰地坐著。年輕人脫下腳上的涼鞋，向佛陀深深地鞠躬，而且也坐到旁邊的一塊大石頭上。

佛陀習慣每天早上，都在林樹間行禪。

佛陀問道：「什麼令你這樣討厭？什麼令你反感？」

年輕人自稱名字叫耶舍，是王舍城中一個富商之子。耶舍的生活一向無憂無慮。他的父母滿足他所有的要求，供給他的享受應有盡有，諸如豪華房舍、金銀珠寶、醇酒美人、佳餚美宴等，無一或缺。但耶舍這個思想敏銳的年輕人，開始感到這種物質享受充斥的生活，漸漸把他壓迫得透不過氣來，他再也無法從這種生活中找到滿足和意義。

他像一個被關在沒有窗子的房間裡的人，渴望吸到一口清新的空氣，過一種簡單而健全的生活。就在前一晚，他才與朋友歡聚暢飲、長夜笙歌、美女投懷，但當耶舍半夜醒來，看見朋友、歌妓酒醉熟睡的情形，他便立刻知道，自己再也不可以這般生活下去了。他披上斗蓬，穿上涼鞋，跑出門外漫無目的地走著。就這樣，他走了整夜才發覺自己竟然來到了鹿野苑。現在太陽初升，他已與佛陀對坐著。

佛陀對他勸解道：「耶舍，人生的確充滿苦惱，但也有很多美好的面向。沉迷於欲樂對身心是有害無益的，如果生活得簡單、健康，不被欲念貪求所奴役，你就可以經驗到生命的奇妙與美好。耶舍，看看你的四周吧！你可以看到樹木在薄霧裡嗎？它們不是很美麗嗎？月亮星星、山河大地、陽光鳥語和涼涼泉水，都是宇宙間可帶給我們無窮喜樂的現象。

「從這裡得來的快樂，可以滋養我們的身心。合上雙

眼，然後深呼吸數下，現在再張開眼睛，你見到了什麼？樹木、煙霧、天空和縷縷的陽光，你自己的眼睛便已夠美妙神奇了。你一直與這些神奇美好的東西脫節了，所以對自己的身心也漠視、鄙棄。有些人更因為討厭自己的身心而自尋短見，他們只看到生命的痛苦，但其實痛苦並不是宇宙的本性。痛苦只是我們錯誤的生活方式和對生命的錯誤見解所造成的結果。」

佛陀的話語，就如甘露般灑在耶舍乾涸了的心靈上，而深深感動了他。他滿懷喜悅，跪拜在地上請求佛陀收他為徒。

佛陀扶他起來，說道：「一個僧人過的是非常簡單、純樸的生活。沒有錢、睡在草房或樹底、只吃一餐，而且還是乞回來的，你可以過這樣的生活嗎？」

「可以，大師。我很樂意過這樣的生活。」

佛陀又說：「一個僧人，把身心全部投入於證悟解脫，以幫助自己和其他人。他又要集中精神，去替別人解決苦難，你肯發願遵循這條道路嗎？」

「當然，大師。我發願遵從。」

「那我便收你為徒吧！我僧團裡的弟子都叫比丘，即行乞的人。你每天都要去乞食養活自己，又要修習謙虛之心，與別人保持接觸，以便接引他們體解大道。」

這時，佛陀的五個朋友兼弟子來到了。耶舍起來恭敬地

禮拜每一位。佛陀介紹他們認識耶舍，並對憍陳如說道：
「憍陳如，耶舍希望成為比丘。我已接受他成為我的弟子，
請你指導他如何穿袍、持缽、觀察呼吸，以及修習行禪、坐
禪。」

耶舍向佛陀鞠躬之後，便隨著憍陳如到他的茅舍，讓憍
陳如為他剃髮，並教他佛陀所吩咐的事情。憍陳如剛好多出
了一件人們供養他的衲衣和一隻缽，於是便把這些轉送給耶
舍。

那天下午，耶舍的父親來找他。原來那天早上，他全家
人都慌忙地四處尋找耶舍。一個僕人跟著耶舍的足跡來到鹿
野苑，又發現他的金色涼鞋被丟在大石頭旁。經過一番查
問，才知道少主在那裡和一個僧人在一起。於是，他便匆匆
回家告訴耶舍的父親。

耶舍的父親抵達時，發現佛陀正安詳地坐在石頭上。他
合掌上前，有禮地問道：「尊者，請問您見過我的兒子耶舍
嗎？」

佛陀請耶舍的父親在附近一塊大石上坐下。他說：「耶
舍在房子裡，很快便會出來。」

接著，耶舍的父親便聽佛陀述說當早所發生的一切。佛
陀盡量讓他明白他兒子心裡的想法和願望。佛陀這樣跟他
說：「耶舍是個聰明感性的青年，他已找到了心靈解脫之
道，他現在才得到信心、安穩和快樂。請你替他高興吧！」

　　佛陀又告訴耶舍的父親怎樣可以在生活中減少苦惱，並替自己和周圍的人創造安穩和快樂。這個商人發覺佛陀的話語令他感到如釋重負，他站起來合上雙掌，要求佛陀收他為在家弟子。

　　佛陀起初默不作聲，過了一會兒，他才說：「我的弟子全都刻意追求簡單而專注的生活。他們不殺、不盜、不淫、不妄語，也不飲用酒精或任何會令他們昏亂的刺激品。如果先生你覺得能遵照這些去做，我便接納你為在家弟子。」

　　耶舍的父親跪在佛陀面前，合掌說道：「請讓我皈依您的教化吧！請您指示我這一生的應行之道。我立願有生之日，必定忠於您的教誨。」

　　佛陀扶他起來，耶舍也剛到。他剃了頭，穿著比丘的衲衣。這個剛剃度的比丘，臉上露出異常燦爛的笑容，他合掌成蓮苞狀向父親鞠躬。耶舍容光四散，他的父親從未見過兒子這般快樂。他向兒子鞠躬回禮，說道：「你母親在家裡非常擔心你。」

　　耶舍答道：「我會回去探望她，免得她掛心，但我已發願追隨佛陀，一生過著服務眾生的生活。」

　　耶舍的父親對佛陀說：「大師，我懇請您和您的比丘明天到舍下來吃一頓飯。如果您們前來指導我們覺醒之道，我們會感到萬分的榮幸。」

　　佛陀回頭望著耶舍。這個新來的比丘，眼睛亮起來，於

是佛陀便點頭表示接受邀請。

第二天，佛陀和他的六個比丘一起在耶舍雙親的家裡吃飯，耶舍的母親見到兒子安全無恙，而且快樂異常，歡喜得流起淚來。佛陀和比丘們都被安排坐在有軟墊的椅子上，耶舍的母親又親自奉侍他們。比丘們默默地吃飯，沒有一人說話，就連所有的侍從僕人，都全部肅靜。吃過飯，缽也洗過後，耶舍的雙親向佛陀鞠躬禮敬，然後坐在佛陀前的矮凳上，佛陀便開始對他們講說在家弟子修行的基本五戒。

「第一戒是不殺。所有眾生都害怕死亡，如果我們真的修習瞭解和慈愛之道，必定要遵守此戒。我們不只是要保護人的生命，還要保護其他動物的生命。遵守此戒會令我們增長慈悲與智慧。

「第二戒是不偷盜。我們沒有權利偷取別人的東西或巧取豪奪，而應該想辦法幫助別人自立維生。

「第三戒是不作任何不道德的性行為。不要干擾他人的權利和承諾，要永遠忠於配偶。

「第四戒是不妄語。不要說扭曲事實或導致不和與仇恨之言，不要散播不確定的消息。

「第五戒是不飲酒或其他刺激性物品。

「如果你們依著這些戒條的精神來生活，一定可以替自己、家庭和朋友避免不必要的痛苦和不協調，你們會發現生活中的快樂比從前多上很多倍。」

　　耶舍的母親一邊聽著，一邊感到內心有如開啟了喜樂之門。她很高興得知丈夫已成為佛陀的弟子，便跪在佛陀面前，合起雙掌。佛陀也接納了她的請求，收她為在家女弟子。

　　佛陀和他的六個比丘就此返回鹿野苑。

24

皈依

耶舍成為比丘的消息，很快便傳遍他朋友的圈子。他最要好的朋友——金芭娜、善多、奔納吉和加范培帝——決定一起到鹿野苑探訪他。途中，善多說：「既然耶舍決意出家為僧，他所跟隨的大師必定非泛泛之輩，他學的道也肯定很高超，因為耶舍是個非常有鑑察力的人。」

維摩吉反駁道：「別那麼肯定，或許他只是一時興起出家為僧，未必會長久的。一年半載之後，便很可能放棄這種生活。」

加范培帝不同意。「你把耶舍想得太不認真了，我一向覺得他是個十分嚴謹的人。我相信他沒有考慮清楚是不會做這個決定的。」

他們到鹿野苑找到耶舍後，耶舍便為他們引見佛陀。「師父，我這四個朋友都是很優秀的人才，請您慈悲，為他們開啟解脫之道的知見。」

佛陀坐下來與他們四個年輕人交談。最初，金芭娜對佛陀所說的話很懷疑，但繼續聽下去後，印象便漸漸改觀了。最後，他還提議其他三人一起請佛陀收他們為比丘。他們四人跪在佛陀面前懇求，佛陀知道他們都是誠意的，便即時接納了他們的請求，同時更囑咐憍陳如指導他們比丘的基本行儀。

耶舍和他的四個好朋友成了比丘的消息，很快便傳到其他數百個朋友的耳中。一百二十個二十多歲的年輕人召集在耶舍的家門，準備一大清早出發前往鹿野苑。當耶舍被告知他們來訪時，立即出來相迎，敘述了自己出家為僧的本懷後，他便引領眾人與佛陀見面。

佛陀與眾年輕人圍聚，對他們解說脫離痛苦、獲得安樂之道，並告訴他們自己年輕時怎樣發願尋道。這一百二十名年輕人個個都聽得入神，其中五十人立即要求成為比丘，其他人雖然都有這個心願，但卻因為未完成為人兒子、丈夫或父親的家庭責任，而暫時無法出家為僧。

耶舍請佛陀接納他的五十位朋友，而佛陀也欣然答應。耶舍喜出望外地說道：「如佛陀您允許的話，我明天乞食時經過父母家門，將會問他們可否供給這些比丘納衣和乞缽。」

佛陀現在與六十個比丘一起住在鹿野苑，他會在這兒多留三個月以便領導他們。在這段時間裡，又有超過數百位男女皈依為佛陀的在家弟子。

佛陀教導他的比丘們怎樣觀照他們的色、受、想、行、識。他教導他們世間萬法因緣互依而起之道理，又告訴他們經常靜思這些道理的重要性。他解釋萬物都因互依互緣而生起、發展和壞滅。沒有緣起，世法不存。一法之內，含藏萬法。他說：「靜思緣起之法，就是解脫生死之門。它有力量破除固執淺見，諸如相信宇宙是神創的，或是地、水、火、風所做成的。」

佛陀明白身為一個師父的責任，他像一個親切的兄長般關懷、領導他的弟子，也與他最初的五個門徒分擔很多方面的職責。憍陳如帶導二十個年輕比丘，而拔提、額鞞、摩男拘利和馬勝則每人負責十個，這些比丘全都在修行上有很大的進展。

看到這樣的情況，佛陀便召集僧眾，對他們說：「比丘們，請你們細聽。我們是完全自由的，沒有任何的束縛。你們現在已體解了大道，只要繼續懷著信心前進，必定會在修行上有很大躍進的。你們可以隨時離開鹿野苑，自由地到外面去與別人分享覺悟之道。請去散播解脫和開悟的種子，以令其他人得到安樂。這一條解脫之道是很美妙的，請你們完整詳盡地教導別人其中的內容和綱領，一定會有無數的人因

你們的弘法而獲益。至於我自己，我很快便要離開。我計畫東行，去探訪優樓頻螺的村童並看看菩提樹。之後，我會到王舍城探訪一位特別的朋友。」

聽完佛陀所説後，大部分的比丘，穿著瓦磚色的衲衣，手持乞食的鉢，都開始離開，到外面弘法，只有二十名比丘留在鹿野苑。

不久，很多住在伽尸和摩揭陀的人都聽聞過佛陀和他的比丘弟子，他們知道有一個釋迦族的太子，證得解脱之道後，在鹿野苑講道。有很多尚未證得解脱道果的出家人都因此感到鼓舞，紛紛從各地前來鹿野苑。聽過佛陀講道後，他們都立願成為比丘。由鹿野苑外出傳教的比丘，又帶回很多希望出家的青年，僧眾的數目因而驟然大增。

一天，佛陀在鹿野苑召集僧伽，對他們説：「比丘們！現在再也不需要由我個人來剃度新的比丘了。同時，希望出家受剃的人也沒有必要前來鹿野苑。他們只需在自己居住的村鎮受戒，有親屬作證便可以了。我也需要如你們一般可自由停留或離開這裡，因此當你們遇到誠心求剃的人，你們都可以在任何地方替他們授戒為比丘。」

憍陳如合掌站起來。「師父，請您開示我們一個授戒儀式，讓我們日後可以依著傳授比丘戒。」

佛陀答道：「就依照我平時做的便可以。」

馬勝站起來，説道：「師父，您威儀具足，當然不用隆

重的儀式，但我們其他人是需要的。憍陳如師兄，或許你可以提供一個形式，請佛陀再加以補充。」

憍陳如想了一會兒才說：「尊敬的佛陀，我想第一道程序應該是要發願的比丘把鬚髮剃除。接著，他便要學會把衲衣穿好，穿好衲衣後，他可像平常習慣露出右肩，然後跪在戒師前。要比丘跪下是適當的，因為戒師代表著佛陀。接下來，比丘便應合上雙掌，誠心念誦三遍：『我皈依佛陀，他是這生引領我修行大道的人；我皈依佛法，它是了悟和慈愛之道；我皈依僧伽，它是生活在和諧與覺察的團體。』念誦完這些皈依文，他們就算正式加入了佛陀的僧團，成為比丘。不過，這只是我的愚見，請師父您糾正。」

佛陀答道：「憍陳如師兄，這已經非常好。念誦皈依文三次，而且又要在戒師前跪著，這樣的受戒儀式已足夠了。」

僧團對這個決定，感到十分高興。

幾日後，佛陀穿上他的衲衣，獨自持著鉢離開了鹿野苑。那是一個異常美麗的早晨，他朝著恆河的方向走去，準備回去摩揭陀。

25

———

音樂的妙境

　　佛陀不是第一次從王舍城行去伽耶。他緩緩地步行，沿路上欣賞著四周的山林和稻田。將近中午時分，他在路邊的小鎮停下來乞食，乞到食物後，他便走入附近的樹林中靜靜地吃飯，然後在那裡行禪，接著在樹底下禪坐。他非常喜歡一個人在森林裡獨處。禪坐了數小時後，一群衣著光鮮的青年男子經過，心情顯得非常煩躁。他們其中有幾人手持樂器，看見佛陀後，走在最前面的一個青年向佛陀點頭打招呼，問道：「出家人，請問您有沒有看到一個女子從這裡走過？」

　　佛陀答道：「你找她有什麼事嗎？」

　　那青年便從頭說起事情的原由。原來他們都是王舍城來

的，那天早上，他們帶了樂器和一名女子一起到森林裡作樂。歌舞宴飲之後，便躺在地上打盹，但當他們醒來的時候，發覺那女子和他們的珠寶飾物都不見了。從那時開始，他們就一直追尋她的下落。

佛陀冷靜地望著那青年，答道：「告訴我吧！朋友，這一刻你們認為找到那女子，還是找到你們自己比較重要呢？」

年輕人都有些愕然，佛陀攝人的儀容和他這個特別的問題，讓他們忽然警醒了過來。那帶頭的青年回答：「大師，或許我們都會先想找到自己。」

佛陀說：「生命只可在目前的這一刻找到，但我們卻很少真心投入此刻。相反地，我們喜歡追逐過去或憧憬未來。我們常以為自己就是自己，而其實我們一直以來都甚少真正與『自己』接觸。我們的心只忙於追逐昨天的回憶和明天的夢想，而唯一去與生命重新接觸的機會，就是回到當下這一刻。只有當你重回這一刻，你才會覺醒過來，也只有在這時候，你才能夠找回真我。」

「看看這些被陽光擁抱的嫩葉，你們可曾真正用一顆平靜和覺醒的心來看它們？這一抹綠色就是生命中奇妙的事物之一。如果你從來沒有真正看過它，請你們現在看看吧！」

年輕人都沉默下來，每個人的眼睛都跟著佛陀的手指，望向那在午後的涼風中微微盪漾著的綠葉。一會兒，佛陀轉

過頭來，對坐在他右邊的青年說：「我看見你有一枝笛，請為我們吹奏一曲。」

雖然有點害羞，但那青年也將笛子湊到嘴邊來，開始吹奏。每人都留心聽著，笛聲像一個失望的戀人在淒怨地哭泣的聲音，佛陀的眼睛沒有離開過那吹笛子的青年。他一曲奏畢，整個午間的森林都立即蒙上一層愁霧。一直沒有人說話，直至那青年伸手把笛子遞給佛陀，然後說道：「尊敬的僧人，請您為我們吹奏吧！」

正當佛陀微笑時，一些人卻不禁大笑起來，認為他們的朋友自討沒趣。有誰聽過僧人吹笛？因此當佛陀雙手接過笛子時，他們都感到出乎意料，所有人的視線都轉向佛陀，每個人都難免一臉好奇。佛陀深呼吸了數口，然後把笛子放到唇邊。

一個很久以前在迦毗羅衛城王宮的園子裡吹奏著笛子的少年影像，在佛陀的腦海中浮現出來。那是一個月圓之夜，他看到了摩訶波闍波提坐在石凳上靜心聽著，耶輸陀羅也在那裡燃點著香爐裡的檀香。佛陀開始吹奏。

那聲音細緻得像一絲輕煙，在傍晚炊飯的時候，從迦毗羅衛城外的一間民舍屋頂緩緩地蜷曲上升。那柔絲似的煙，如雲湧般在天際擴張，漸漸化成了一朵千瓣蓮花，每一葉的花瓣都閃耀著不同顏色的光彩。剎那間，一個吹笛的人似乎幻化成一萬個，宇宙中美好的一切也都化為樂韻——千種姿

態和色彩的音律，輕如涼風，快如雨；如一隻白鶴在頭頂上飛過般清晰，如催眠曲般親切；響亮如耀目的寶石，意味深遠如一個已超越世間得失的人所綻放的笑容。森林裡的雀鳥都停止了歌唱，一同來欣賞這超然的音樂。就連樹葉也似乎暫停擺動，靜下來聆聽。整個森林都籠罩著全然的安寧、恬靜和美好的氣氛。圍繞著佛陀而坐的青年，感到脫胎換骨，他們現在才全然融入此刻，與樹木、佛陀、笛子以及他們彼此之間友情的微妙，真正接觸。即使佛陀已把笛子放下，他們的耳裡仍可聽到樂韻的餘音，已再也沒有人想起那女子或被偷去的珠寶了。

有一段時間無人作聲。最後，吹笛的青年打破沉默，對佛陀問道：「大師，您吹奏得美妙極了！我從未聽過吹奏得這麼好的人。您是跟誰學的呢？您肯收我為徒，讓我跟您學習吹笛嗎？」

佛陀笑笑說：「我還是小孩時，已開始吹笛，但我已經把它放下七年了，不過奏出來的效果卻比從前好。」

「大師，怎麼可能呢？您已經七年沒有練習，怎會有進步呢？」

「吹笛奏樂並不是只靠練習的。我比從前吹得好是因為我找到了真正的自己，如果你不曾發現你心中無限的美，你是不能在藝術上登峰造極的。你如果想把笛吹奏得更好，一定要從覺醒之道中找回真我。」

　　佛陀於是對他們講說解脫之道、四聖諦和八正道。他們
都細心聆聽，佛陀說完後，他們便跪下來請求皈依佛陀，成
爲他的弟子。佛陀爲他們所有人授戒，然後囑咐他們前往鹿
野苑去找憍陳如指導他們修行大道的方法，佛陀又告訴他們
不久之後會再與他們見面。

　　那天晚上，佛陀獨自在林中度宿。翌日早上，他越過了
恆河向東而行，打算在去王舍城見頻婆娑羅王之前，先到優
樓頻螺探望一班村童。

26

水也會上升

七日後，佛陀對重返菩提樹所在的森林，感到非常興
奮。他在那裡過了一夜，一大清早，便來到尼連禪河畔給縛
悉底一個驚喜。他們在岸邊坐著談了很久，直至佛陀提醒他
繼續割姑尸草來供給水牛。佛陀自己也幫他一些忙，然後才
離開他，前往村裡乞食。

翌日下午，一群村童來到森林探訪佛陀，縛悉底全家也
都來了，善生更帶了她所有的朋友一起來。他們十分高興再
見到佛陀，每個人都留心傾聽佛陀告訴他們別後這一年裡所
發生的事。佛陀答應縛悉底會在他年滿二十歲的時候，同意
他當比丘。那時，縛悉底的弟妹也應該都可以照顧自己了。

小孩們告訴佛陀，在過去幾個月，附近來了一個由婆羅

門領導的教團。他們的信徒有五百人之多。他們不像比丘，沒有剃頭，而是把頭髮梳成辮子後，捲起在頭上作髻，而且信奉火神。婆羅門的名字叫迦葉，見過他的人都對他十分敬重。

第二天早上，佛陀渡河來到迦葉大師的教團。他的信眾住在很簡陋的茅舍，而且所穿衣服都是用樹皮造的粗衣。他們都不入村乞食，但村民都會自動拿食物來供養他們。而且，他們也飼養一些牲畜作爲食糧以及祭品。在與迦葉的一個門徒談話中，佛陀得悉迦葉精通《吠陀》教典，而且品德很好。他又知道迦葉有兩個弟弟，也都是奉火教，而且也各自有自己的門徒，他們三兄弟都相信火是宇宙的根本元素。大哥優樓頻螺迦葉很受他的兩個弟弟擁戴，那提迦葉和他的三百門徒住在北面大概一天行程的尼連禪河岸，伽耶迦葉則和他的二百個門徒集居於伽耶。

迦葉的門徒帶領佛陀去他師父的寮房與他會面。雖然迦葉年事已老，身心仍非常靈敏。他一見到這位年輕導師的儀表，便立刻對這位來客生起好感，待他以上賓之禮。迦葉禮請佛陀坐在門外的樹下，然後兩人侃侃而談。佛陀對《吠陀》的熟悉，令迦葉感到非常驚訝，但他更想不到的是，《吠陀》裡一些連他也尚未清楚瞭解的概念，佛陀竟已把它們掌握得明明白白。佛陀向他解說《阿闥婆吠陀》和《梨俱吠陀》裡的一些非常深奧的篇章後，迦葉才發覺過去他自己以爲明白

的，其實都未得要領。更令迦葉歎爲觀止的，就是這名年輕
僧人對歷史、教典和婆羅門儀軌的深厚認識。

那天中午，佛陀接受了迦葉的邀請，和他一起用膳。佛
陀把外衣整齊地摺爲坐墊，坐在上面留心專注地默默地吃。
看見佛陀的安詳態度和威嚴面容，迦葉也被感染得默不作
聲。

那天晚上，他們繼續暢談。佛陀問道：「迦葉大師，您
可以爲我解釋祭火能導致解脫的原因嗎？」

優樓頻螺迦葉沒有立刻作答，他很清楚知道，一個普通
或表面的答案，是很難滿足這位與眾不同的僧人的。迦葉先
解釋爲什麼火是宇宙的要素，而它的來源就是大梵天。在教
團的祭火殿裡，有一炬聖火不斷地燃燒著，它就是大梵天的
象徵。《阿闍婆吠陀》經典裡有提及對火的祭拜。火就是生
命，沒有火，生命就不可能存在；火是光、暖以及太陽的能
源；它讓植物、動物和人類得以生存；它可以趕走陰暗，驅
逐寒冷，並帶給眾生喜樂與生命力。火讓食物可以熟食，又
可以讓人們在死後和大梵天重聚。正因爲火是生命之源，所
以它就是大梵天本身。火神「阿耆尼」，只是大梵天千萬化
現的其中一個。在祭火壇上，阿耆尼的形相是雙頭的，一個
象徵著火在日常生活中的功用；另一個則代表火所象徵的犧
牲與回歸生命之源。祭火者奉行四十種拜火儀式，一個信徒
要守戒、修苦行並勤於誦經才可以達到解脫之道。

　　迦葉自己很反對那些以權力在社會上欺壓謀利、滿足私欲的婆羅門。他認為這些人都只是利用誦經儀式來圖利的，而傳統婆羅門教的聲譽也就是因為這些婆羅門的存在而受損。

　　佛陀問道：「迦葉大師，你又對那些認為水才是生命之根本要素的人，和只有水才能使人潔淨，因而可與大梵天結合的思想有什麼看法呢？」

　　迦葉猶豫了一會兒，他想起有無數的人，此時此刻正在恆河和其他的聖河裡沐浴著，以求清洗罪業。

　　「喬答摩，水並不能使人真正解脫。水是向下流的，只有火才向上升。我們死後，身體也是因為靠火才得以變成煙而上升。」

　　「迦葉大師，這就不盡然正確了。天上的白雲也是水的一種形式，因此，水也會上升的。其實煙本身也不過是蒸發了的水而已，雲和煙最終都會還歸為液體狀，我相信你也一定知道萬物都在循環不息。」

　　「但萬物都是來自同一根本元素，所以它們都會回復到那個元素。」

　　「迦葉大師，萬事萬物都是互相倚靠而生存，就如我手裡這片樹葉：泥土、水份、熱力、種子、樹、雲、太陽、時間、空間──這全都是導致這片樹葉得以存在的因素。即使只少了一樣，樹葉也是無法生存的。所有的生物，無論是有

機或無機的，都是因緣互依而生的，一樣事物的來源就是萬事萬物。請您仔細參詳一下，難道您看不到我手上這片樹葉，是因應宇宙所有現象的相互作用，甚至包括您的覺察力在內，才能如是存在嗎？」

已經是黃昏時分，天快黑了，於是迦葉邀請佛陀在他的房舍度過一宿。這是他首度對任何人提出這種邀請，不過，他從未遇到過像這樣一位不凡的僧人。但是，佛陀以習慣獨睡為理由拒絕了，他問說不知可否在祭火殿裡過夜。

婆羅門說：「過去幾天，有一條大蛇在祭火殿裡出沒，我們想盡辦法也無法把牠趕走。你不要睡在那兒了，朋友，我擔心會有危險。也就是因為這樣，我們最近只好在外面舉行祭儀，請你還是到我的房子裡睡，比較安全。」

佛陀答道：「請不用擔心，我住在祭火殿不會有危險的。」

佛陀回想起他在荒山野外苦修時的情形，猛獸在他身邊走過也沒有傷害他。有時他靜坐時，巨蛇會從他面前爬過。他知道只要小心不要驚嚇到動物，牠們是不會傷害人的。

看見佛陀如此堅持，迦葉只好說：「如果你真的想在祭火殿裡睡，當然可以。你喜歡住多久也絕不是問題。」

那天晚上，佛陀住進祭火殿。中央的祭壇燒著一炬由很多蠟燭燃起的火。房間的一邊放著一堆室外祭儀用的檀香木。佛陀相信大蛇必定是在木堆中，因此他便在另一邊禪

坐，以摺好的外衣作墊子，一直坐至深夜。禪坐將近結束的時候，他看見大蛇盤蜷在房間中央凝視著他，佛陀輕聲地對牠說：「好朋友，為了你的安全，你應該回到森林中去。」

佛陀的聲音充滿了愛和諒解，大蛇也慢慢伸直，爬出了門外。佛陀便伸展身體，躺在地上睡覺。

當他醒來時，明亮的月光正從窗外照到他的睡處。十八日的月亮，份外皎潔光明。他想到在月色裡行禪將會非常寫意，於是拍拍外衣上的灰塵，穿上它後，走出了祭火殿。

破曉時分，殿裡不知何故起火，看見的人都立即大叫求援。雖然每個人都到河邊盛水救火，但火勢凌厲，很難控制，最後，五百個信徒也只好眼看著祭火殿付諸一炬。

優樓頻螺迦葉也在圍觀的信眾當中，他想到前一天還與他談得那樣投契的年輕僧人時，心裡哀痛不已，他估計這位才德兼備的僧人必已葬身火海了。如果喬答摩肯到他的房子，他現在就仍然活著了，正在如此沉思之際，佛陀出現了。佛陀因從遠處看到火焰，便立刻回來看看可以幫得上什麼忙。

迦葉鬆了一口氣，興奮地走上來，執著佛陀的手，說道：「我的朋友喬答摩，真感謝上天，你仍活著啊！你真的沒事！我太高興了！」

佛陀把手搭在婆羅門的肩膀上，笑著說：「謝謝你，我的好朋友，我真的沒事。」

　　佛陀知道當天優樓頻螺迦葉將會舉行一個法會，除了他的五百個門徒外，還有鄰近至少一百個村民會參加，午飯後並會舉行講座。佛陀覺察到自己的在場可能會讓迦葉不自然，於是便前往村裡乞食。接受供食後，他走到蓮池附近進食，而且整個下午都留在那兒。

　　下午稍後，迦葉前來找他。看到佛陀在池邊，他便說：「我的朋友喬答摩，我們午餐時都在等你，但你始終沒有出現，爲何不與我們共進午餐呢？」

　　佛陀表示當法會進行時，他不想在場。

　　「爲什麼你不想參加我的法會呢？」迦葉問道。

　　佛陀只是微笑，婆羅門也不再多問，他知道這個年輕僧人看穿了他的心思。喬答摩眞是考慮周詳、替人設想啊！

　　他們坐在池邊詳談，迦葉說：「你昨天曾說，一片樹葉是因著不同的助緣才成就出來的，你也說人類的存在和產生也是基於同樣的道理，但當這所有的外緣都消失時，那些個體又往哪兒去了呢？」

　　佛陀解答道：「一向以來，人類都被『常我』這個觀念繫縛著，以爲事物都有個別永恆的存在性。我們相信人死了，其個體仍然存在，更會與他的本源大梵天合一。但迦葉，我的朋友，這實在是世代以來令我們迷失方向的基本誤解。

　　「我的朋友迦葉，你應該知道萬法因緣生，萬法也因緣而滅。此有故彼有，此無故彼無。此生故彼生，此滅故彼

滅，這就是我在禪定中所親證的因緣生起法。在真實的體性上，根本沒有什麼是獨立存在或永恆的。也沒有自我的個體，無論是高級或低級。迦葉，你曾嘗試著觀想你的色、受、想、行、識嗎？一個人是這五蘊的結合，它們就像流動的河流，永無止息地變動著，在裡頭甚至連一個不變的元素都找不到。」

優樓頻螺迦葉沉默了一段時間，接著問道：「那你是否提倡無生論？」

佛陀微笑搖頭：「不，無生論只是眾多狹見中的一個狹見。這個觀念一如有獨立、永恆個別體的觀念一樣，都是錯誤的。迦葉，請你看著蓮池的水面。我並不是說蓮花和水都不存在。我只是說，蓮花和水都是因應許多其他因素的相互關係而產生的，而這全部的因素，又沒有一樣是獨立存在或永恆存在的。」

迦葉抬起頭來，望進佛陀的眼裡：「如果說無我，為何我們又要修道以達解脫呢？是誰會得到解脫？」

佛陀深深地望著這個婆羅門朋友的眼睛，他的目光有著太陽般的光芒，同時卻又如月色般溫柔，他微笑著說：「迦葉，從你自己的內心找尋答案吧！」

他們一起回到了教團，優樓頻螺迦葉堅持這夜要把自己的茅房讓給佛陀住，他自己則住在他首座弟子的房舍。佛陀也體會到，迦葉的弟子對他們的大師是何等地尊敬。

27

世法燃燒

　　每天早上，迦葉都會帶食物來給佛陀，以免他要到村裡行乞。午食之後，佛陀會獨自在林蔭小徑或蓮池附近散步，稍後，迦葉便會與他在樹下或池邊切磋。與佛陀長時間的相處，更讓迦葉明白佛陀是如何地具有智慧與德行。

　　一天晚上，滂沱的雨勢一直延至天亮。尼連禪河的兩岸，水位都暴漲成災，附近的農田與房舍都被洪潮所淹沒，船艇四出救人。雖然迦葉的信眾可以及時登上高地，但他們卻沒找到喬答摩的蹤影。迦葉派出數隻小艇去尋找他，最後人們才發現他站在遠處的山上。

　　洪水的消退一如它暴漲時那麼快。第二天早上，佛陀持著缽走向山下，到村裡視察村民受水災影響的情況。幸而沒

有人被淹斃，村民都告訴佛陀，因為他們沒有太多財物，所以損失也自然輕微。

迦葉的門徒，也開始重建他們被火燒去的祭火殿和在水災中被沖掉的房子。

一天下午，當佛陀和迦葉一起站在尼連禪河畔時，迦葉說道：「喬答摩，那天你對我說到觀想一個人的色、受、想、行、識。之後，我曾修習這種靜思觀想，而開始明瞭，一個人的感受和思惟是可以決定他的生命品質的。我也體會到，在那五條川流裡，其實真的沒有任何永恆的元素存在。同時，我也瞭解到所謂的獨立個體，是虛幻不實的。我唯一不明白的是，如果我們根本無自性，為何還要在解脫之道上修行？得到解脫的又會是誰呢？」

佛陀問道：「迦葉，你承認痛苦是實相嗎？」

「是的，喬答摩，我承認痛苦是生命的實相。」

「你同意痛苦的產生是有原因的嗎？」

「我同意有痛苦，就必然有其原因。」

「迦葉，當痛苦的原因存在，痛苦也存在；當痛苦的原因消除，痛苦也就應該消除。」

「對，我可以明白當痛苦的原因消除，痛苦本身也自然會消除。」

「痛苦的主因是無明，亦即對世間實相的錯誤見解。將非恆常的錯認為恆常的就是無明，認為無自性的有其自性也

是無明。貪欲、瞋恚、嫉妒以及無數的苦惱都是由無明生起的。解脫之道就是去深入看清事物的眞相，體會萬物的無常、無自性和互相依賴的本質，這才是消除無明之道。擺脫了無明，痛苦也就被超越了，這才是眞正的解脫。解脫本身根本就沒有必要有一個自我的個體。」

優樓頻螺迦葉默默地坐了一會兒，說：「喬答摩，我知道你所說的都是你所親證的，你的話並非表達概念而已。你說解脫是從精進禪定，以洞悉事物的眞相而得，那麼你是否認爲所有的典禮、儀式和誦經都是沒用的？」

佛陀指向河的對面，說：「迦葉，如果一個人想渡河到對岸，他會怎麼做？」

「如果水是淺的，他可以涉水過河，如果是深的，他便要游泳或坐船了。」

「我也同意，但如果他不能涉水、游泳或坐船，那又怎麼辦呢？又如果他只懂得站在此岸望著對岸，祈求對岸來到他的跟前，那你又會對這個人有什麼看法呢？」

「我會說他十分愚蠢！」

「正是如此，迦葉！如果一個人不消除無明和知見的障礙，他是過不了河到達解脫的彼岸的，就算他一輩子都在祈禱，也是徒然！」

迦葉忽然大哭起來，跪拜在佛陀腳前的地上：「喬答摩，我已荒廢了大半生。請您現在收我爲徒，給我一個機會

跟您修學解脫之道。」

佛陀攙扶迦葉起來，說道：「收你為徒，我絕不會遲疑，但你的五百徒眾又怎麼辦呢？你走了之後，誰來帶領他們？」

迦葉答道：「喬答摩，讓我明天早上跟他們說吧！明天午後，我會讓您知道我的決定。」

佛陀說：「優樓頻螺的村童都稱我佛陀。」

迦葉有點驚奇：「那就是覺者的意思，對嗎？我也會這樣稱呼您。」

翌日清晨，佛陀前往優樓頻螺村乞食。之後，他又前往蓮池那兒坐下。下午，迦葉前來找他，告訴佛陀他的五百弟子也同意皈依佛陀為師。

第二天，優樓頻螺迦葉和他的信眾把鬚髮剃掉，將頭髮連同所有拜祭火神的器皿，全都扔進尼連禪河裡。他們向佛陀鞠躬行禮，並讀誦三次：「我皈依佛，我此生修行大道的導師；我皈依法，它是瞭解與慈愛之道；我皈依僧，生活在和諧與覺察之中的團體。」他們朗誦三皈依的聲音，響遍了整個森林。

授戒儀式完畢後，佛陀便為這些新比丘講說「四聖諦」，以及怎樣觀察自己的呼吸、身體和心念。他又教導他們如何乞食和在靜默中進食，並囑咐他們要釋放從前飼養來作為祭品和食糧的牲畜。

那天下午，佛陀與迦葉和他的十個大弟子會面，替他們講說覺醒之道的基本道理，並商討組織僧團的最好方式。迦葉是個對這方面很擅長的領導人。與佛陀商討後，他便安排有能力、有經驗的比丘去訓練年少的比丘，就像佛陀在鹿野苑時的制度一樣。

第二天，優樓頻螺迦葉的弟弟那提迦葉，與他的門徒神色震驚地前來找他的長兄。他和住在優樓頻螺下游的三百弟子，前一天看到很多辮子和火教祭具在河裡飄流，擔心教團和兄長遭遇劫難。那提迦葉抵達優樓頻螺時，剛巧是行乞時間，他一個人也沒看到，便真的以為教團必定遇害了，但當比丘們陸續乞食回來，他們才知道原來教團已立願皈依喬答摩這個僧人了。優樓頻螺迦葉和佛陀回來時看到弟弟，十分高興，便請弟弟與他到林中散步。他們出去了好一段時間，回來的時候，那提迦葉就宣布他與他的三百弟子也想皈依佛陀。他們兩兄弟又派人前去找另外一個兄弟伽耶迦葉。就這樣，在七天之內，伽耶迦葉也和他的二百個弟子一同受戒成為比丘。他們三兄弟一向都以相親相愛見稱，他們分享著同樣的理想，一起成為佛陀的虔誠弟子。

一天行乞後，佛陀召集所有的比丘到伽耶的山上來。九百個比丘與佛陀及迦葉三兄弟默默進食。午食完畢後，他們把視線轉向了佛陀。

佛陀平靜安詳地坐在大石頭上，開示道：「比丘們，所

有的世法都在燃燒。什麼在燃燒呢？「六根」（六樣感官）——眼、耳、鼻、舌、身、意——全都在燃燒著。「六塵」（六樣所感的塵境對象）——色、聲、香、味、觸（可碰觸之物）、法（心所生起之對象）——全都在燃燒著。「六識」（六種意識）——眼識、耳識、鼻識、舌識、身識、意識——全部都在燃燒著。他們是被貪、瞋、癡之火焰所燃燒。他們也是被生、老、病、死和痛苦、焦慮、煩躁、恐懼、絕望的火焰燃燒著。

「比丘們，每一種感受，無論是甜是苦，或非甜非苦，都在燃燒著。感受的產生是來自感官、感官的對象和感覺意識。感受是被貪、瞋、癡之火焰所燃燒。感受是被生、老、病、死和痛苦、焦慮、煩躁、恐懼、絕望的火焰所燃燒。

「比丘們，不要讓貪、瞋、癡的火焰把你們吞噬。清楚體會一切法的無常性和互依性，以免成為由感官、感官的對象和感覺意識所形成的生死巨輪中的奴隸。」

九百個比丘留心細聽著，每個人都深受感動。他們都很高興找到了一條教導他們看透世法的實相以達到解脫的道路，堅定的信心在每個比丘的心海裡澎湃著。

佛陀在伽耶逗留了三個月，以便教導眾比丘，他們也都有很大的進展。迦葉兄弟成為佛陀的得力助手，為他分擔教導僧伽的工作。

28

棕樹林

　　佛陀要離開伽耶，前往王舍城的時刻終於來臨了。那天早上，優樓頻螺迦葉請佛陀允許整個僧團的比丘送他一程。佛陀本來不想這麼做，但迦葉告訴他，九百名比丘一起同行並不如想像中的麻煩。王舍城附近一帶有很多樹林可供他們歇宿，至於乞食，當地有許多村莊，他們可以到那村莊裡甚至都城裡，與當地的居民結緣，更何況他們的人數，已開始超出伽耶居民所能供應的人數了。在王舍城，一切反而會更方便。看到優樓頻螺迦葉這麼通曉摩揭陀的情況，佛陀便答應讓比丘們同行。

　　迦葉兄弟把比丘分成三十六隊，每隊二十五人，每隊又分配一位年長的比丘負責帶領。這樣的安排，對各個比丘修

行上的進展,更有幫助。

他們共需十天的時間才能到達王舍城。每天早上,他們都會到小村落裡乞食,然後再到樹林或田野裡用食。吃完之後,又再度開始分成小組而行。所有見到比丘們寧靜地緩步而過的人,都在心裡留下很深刻的印象。

快抵達王舍城的時候,優樓頻螺迦葉帶領著他們進入棕樹林,也就是申怒波林寺廟的所在地。棕樹林就在都城以南兩里的地方。第二天早上,比丘們持著鉢入城乞食。他們排成單行,分成小組,踏著平穩緩和的腳步,雙眼直視前方,安詳地持著鉢。依照佛陀的指示,他們不分貧富地站在每間屋舍前稍作停留,如果沒有人出來,他們便繼續往下一間走。默默等待的時候,他們會留心靜觀呼吸,受供之後,便鞠躬表示謝意。對食物的好壞,他們從不置評。有時,在家人會在供食後請比丘解答一些有關世法的問題,比丘都會很認真地盡力為他們解答。比丘會告訴在家人他屬於喬答摩佛陀的僧團,更會為在家人講說四聖諦、在家五戒和八正道。

所有的比丘都會在午前回到棕樹林靜靜地午食,然後,他們就會聆聽佛陀的開示。下午和晚上,都是用來禪修的。因此,過了午後,就不會有人在城中見到比丘們的蹤影。

兩個星期之後,幾乎全城都察覺到佛陀僧團的存在了。在清涼的午後,很多在家人都會來到棕樹林與佛陀見面並要求學習覺醒之道。在佛陀還沒有機會去探望他的朋友之前,

年輕的頻婆娑羅王已聽聞佛陀在城中的消息了。他肯定這位新來的導師就是他在山上認識的那位年輕僧人，於是便下令起駕前往棕樹林。有很多馬車尾隨著他的座駕，因為他還邀請了上百位德高望重的婆羅門教士和學者同行。當他們到達樹林邊，大王便帶著王后和他的兒子阿闍世太子先行下車。

佛陀知道大王親臨，便與優樓頻螺迦葉親自出來迎接大王與其他賓客。同時比丘們正在泥地上圍坐著等待佛陀說法，佛陀便請大王、王后、太子和賓客一起坐下來。頻婆娑羅王把所有他記得名字的朋友都介紹給佛陀認識，另一些婆羅門也自我介紹。眾多的來賓中，有很多都是熟讀《吠陀》或來自不同宗教派系的。

他們大都聽過優樓頻螺迦葉的名字，更有一些人從前與他有過一面之緣，但他們之中，沒有一個人聽過佛陀的名字。他們看到迦葉如此尊敬這個比他年輕許多的釋迦喬答摩，都感到非常詫異。他們竊竊私語，想弄清楚究竟喬答摩是迦葉的弟子，還是迦葉是喬答摩的弟子。優樓頻螺迦葉注意到大家似乎很困惑，便站起來，上前走向佛陀。他合上雙掌，恭敬而清楚地說道：「喬答摩，覺悟者，我這一生最尊貴的導師——我是您的弟子，優樓頻螺迦葉，請讓我獻上至深的敬意。」接著俯身向佛陀作三次禮拜。佛陀攙扶迦葉起來後，請他坐在自己身旁，這時所有的婆羅門都安靜下來了。當他們看到那九百個穿著衲衣的比丘坐姿如此莊嚴時，

對佛陀的敬意又更加深了。

佛陀開始講說覺醒之道，他解釋一切事物的無常性和互依性，告訴他們覺醒之道能消除妄見並超越痛苦，他還解釋禪定和瞭解是要從守戒獲得的。他的聲音響如洪鐘、暖如春日、柔若微雨、壯似狂潮。超過一千人在聆聽著，沒有一個人敢大力呼吸或挪動衣衫，以避免打擾了佛陀的妙音。

頻婆娑羅王的眼睛一刻比一刻明亮，愈聽愈加開懷，很多疑問和煩惱都陸續消散了。他的臉上掛了一個燦爛的微笑。開示完畢後，頻婆娑羅王合掌站起來，他說：「世尊，我年幼時有五個願望，現在我都得償所願了。第一個願望是加冕為王，這我已如願了；第二個願望是在今生遇到一位開悟的導師，這也如願了；第三個願望是有機會禮敬這位導師，這在今天如願了；第四個願望是有這樣一位導師為我指點真理正道，這亦在今天如願了；而第五個願望就是能夠明白、瞭解覺者的教化，我剛才連這個願望也如願了。世尊，您的妙教讓我對世法有了深刻的理解，懇請世尊收我為您的在家弟子吧！」

佛陀微笑，表示接受他的要求。

大王禮請佛陀和他的九百比丘，在月圓之日到王宮接受他的供養，佛陀欣然答應。

其他賓客全都起立禮謝佛陀，其中二十人表示希望被收受為徒，接著，佛陀便和優樓頻螺迦葉陪同大王、王后和小

太子阿闍世一起走出林外。

　　佛陀知道不到一個月，雨季就會來臨，那時便不可能回到家鄉去，於是，他決定與九百比丘在棕樹林多留三個月。他知道這三個月的修行，能讓僧團在他將要離開之際更為鞏固、安定。他將會在春天這個晴空萬里、嫩芽初吐的季節離開。

　　頻婆娑羅王立即開始籌備供養佛陀和比丘的盛宴，他打算在宮中鋪有名貴地磚的大堂接待他們，並下召所有人民在街上掛燈結彩來歡迎佛陀和僧團。他也同時邀請了許多其他人參加，包括政要和他們的家屬，就連與阿闍世太子年紀相仿，未滿十二歲的小朋友，也在邀請之列。他很清楚佛陀和比丘們都不希望為他們大開殺戒，便下令烹製美味的素餚作供。他們共有十天的準備時間。

29

緣起

接下來的數個星期，許多求道者都前來請求受戒為比丘，其中有很多都是有學問的富家子弟。佛陀的大弟子主持授戒儀式並教導新比丘基本的修行法。也有很多青年男女來棕樹林求受三皈依。

一天，憍陳如主持了近三百人的皈依儀式，禮畢之後，他為信眾講說佛、法、僧三寶。

「佛陀是覺醒者。一個覺醒的人可以看到生命和宇宙的體性，因此，一個覺醒的人是不會被虛幻、恐懼、瞋怒和欲望所纏縛的。一個覺醒的人是個自由的人，心裡充滿和平與喜悅、愛與諒解。我們的導師，喬答摩大師，就是一個完全覺醒的人。他引領我們在此生修正我們的不察，使我們也覺

醒過來。我們每個人都有佛性，我們都可以成為佛陀。佛性就是覺醒和超越所有愚癡無明的本能，如果我們都修習覺察之道，我們的佛性便會一天比一天明亮起來。總有一日，我們也可以得到自由、寧靜與喜悅。我們必須在自己內心尋找我們的佛性。佛陀就是第一件至寶。

「佛法就是導致覺醒的大道。它就是佛陀所教導的道理，幫助我們超越無明、瞋怒、恐懼和欲望等籠牢之道。它能導致自由、寧靜與喜悅，又能使我們去愛、去瞭解所有的人和事。瞭解和愛是覺醒之道上兩個最美麗的果實。佛法就是第二件至寶。

「僧伽就是修行覺醒之道的群體，一起並肩同修佛道的人。如果你想要修行以獲得解脫，群體共修是很重要的。獨修的人往往會在修行道上遇到障礙而影響他達到覺醒，因此無論是比丘或在家信眾，都應該皈依僧伽。僧伽就是第三件至寶。

「年輕人，今天你們皈依了佛、法、僧，有了它們的護持，你們便不會漫無目的或迷失方向，而會在覺悟之道上真正的進步。我自己皈依三寶已有兩年了，今天你們也發願同修，讓我們一起為皈依三寶而慶祝。這三件珍寶固然自無始以來已存藏在我們心中，但現在讓我們一起修習解脫之道，使這三件珍寶從我們的內在發出光芒。」

這些年輕人被憍陳如這一席話深深激勵，都感到內心湧

起一股新生的活力。

同一時期，佛陀又收下了兩個很特別的門徒加入他的僧團，他們就是舍利弗和目犍連。他們倆原本是王舍城著名的苦修大師刪闍耶的弟子，刪闍耶的信徒都稱爲「簸利婆羅闍迦」。舍利弗和目犍連是很要好的朋友，而且兩人都因爲聰明豁達而極受尊崇。他們彼此曾互相承諾，誰若先證得大道，便會立即告知對方。

一天，舍利弗在王舍城看見馬勝比丘乞食，立刻被馬勝的安詳儀容所攝，他心想：「這人似乎已證得大道，我早知會找到這種人的！我要問問他的師父是誰、他的教義是什麼。」

舍利弗加快步伐想趕上馬勝，但突然又停了下來，不想打擾比丘的安靜乞食。舍利弗決定等他乞食完畢後才上前請教他。馬勝的缽盛滿之後便轉身離去，這時，舍利弗合掌禮敬，說道：「這位沙門，你散發著平和寧靜的氣息。你的德行和體解力從你走路的姿態、臉上的表情，和你的一言一笑間表露無遺。請問你的師父是誰、在哪裡修行，你師父所教的方法又是什麼呢？」

馬勝望了望舍利弗，露出和善的微笑。他答道：「我是在釋迦族的喬答摩大師門下修習的，他又稱爲佛陀，現在住在棕樹林的申怒波林寺廟附近。」舍利弗的眼睛爲之一亮，「他的教義是什麼？你可以和我分享嗎？」

「佛陀的教理深廣絕妙，我也未能完全掌握，你應該親自去聽教於佛陀。」

但舍利弗繼續央求馬勝：「我請求你，就是一字半句也好，請你與我分享佛陀的教誨吧！它對我將如珍似寶，我稍後也必定會親臨受教的。」

馬勝笑笑，然後誦了一首很短的偈頌：

> 諸法因緣生，
> 諸法因緣滅。
> 我師大沙門，
> 常作如是說。

舍利弗頓覺心開意解，內心如泛起了一片強光，完美無瑕的正法在心中一閃而過。他向馬勝鞠躬禮謝之後，便趕往找他的好友目犍連。

目犍連看到舍利弗的一臉光采，便問道：「我的兄弟，什麼事讓你如此興奮？難道你已找到了真理大道？快快告訴我吧！」

舍利弗把事情一一告訴了目犍連。當他向目犍連複誦這首偈頌時，目犍連也覺得有一閃強光點亮了他的心，他立刻看到宇宙彷如一張相互交織的羅網。此是因彼是，此生因彼生，此非因彼非，此滅因彼滅。在明瞭緣起法之後，萬物有

創始者的信念自然消散了。他現在終於明白要如何中斷生死之輪，解脫之門已在他眼前開啓了。

目犍連說道：「兄弟，我們一定要立刻去見佛陀，他是我們期待已久的導師。」

舍利弗雖然同意，但卻提醒他說：「不過，二百五十名簸利婆羅闍迦兄弟們，一向信賴我們爲他們的長老，這該怎麼辦呢？我們不能毅然離開他們，必須先告訴他們我們的決定才行。」

於是，他們前往簸利婆羅闍迦慣常共修的地方，向他們解釋要離開此地去追隨佛陀的抉擇。聽到這個消息，簸利婆羅闍迦十分傷心，沒有他們兩人的引導，大家都沒有信心繼續下去，因此大家表示希望追隨他們兩人，也成爲佛陀的弟子。

舍利弗和目犍連前去見刪闍耶大師，告訴他這個情形。大師懇求他們說：「只要你們留下，我就將教團交由你們掌管。」他如此懇求了三次，但舍利弗和目犍連已立定了主意。

他們說：「敬愛的師父，我們最初求道的目的都是希望得到解脫，並非想當宗教領袖。如果我們自己都不明白眞理正道，又怎能領導別人呢？我們一定要尋訪喬答摩大師，因爲他已經找到了我們一直以來所尋找的大道。」

這些簸利婆羅闍迦隨著舍利弗和目犍連在刪闍耶面前禮

拜辭別後，便起程離開了。他們抵達了棕樹林，一起跪在地
上求佛陀收他們為比丘。佛陀為他們宣說四聖諦，然後便接
納他們加入僧團。這次授戒儀式之後，棕樹林的比丘數目便
達一千二百五十人之多。

中文─巴利文對照表

阿那律	Anuruddha
頞伽摩陀王	Arcimat
阿達磨嘎地語	Ardhamagadhi
阿私陀	Asita Kaladevela
馬勝	Assaji
阿闥婆吠陀	Atharveda
夜柔吠陀	Yajurveda
阿般提	Avanti
巴達梨伽（精舍名）	Badarika
巴帝耶	Baddhiya
滂河	Banganga
跋多迦毘羅梨	Bhadda Kapilani
勝妙獨處經（跋地羅帝偈）	Bhaddekaratta Sutta
拔提	Bhadrika
跋伽	Bhagga
薄功	Bhagu
婆達村	Bhandagama
婆私吒	Bharadvaja
鞞沙伽羅（園林名）	Bhesakala
豐財納伽羅	Bhoganagara
頻婆娑羅王	Bimbisara
婆羅提多王	Brahmadatta
梵網經	Brahmajala Sutta

梵天	Brahma
梵書	Brahmanas
瞻波國	Campa
瞻波那	Capala
車匿	Channa
質多	Citta
周那	Cunda
法塵那	Dhammadinna
大特波士	Digha Tappasi
帝迦羅掲	Dighanakha
燃燈佛	Dipankara
斛飯王	Dronodanaraja
加范培帝	Gavampati
伽耶山	Gayasisa
瞿師羅園精舍	Ghosira
尸賴拏伐底河	Hiranyavati
帝釋窟山，雁塔	Indrasailaguha
伊師提婆	Isidatta
仙人山	Isigili
伊師巴丹拿（鹿野苑）	Isipatana
祇陀	Jeta
祇園精舍	Jetavana
戌博迦	Jivaka

迦鹿荼離	Kaludayi
卡拉諾莉	Kalyani
迦毘羅衛城	Kapilavatthu
伽尸	Kasi
迦葉	Kassapa
髻設	Kesi
契摩	Khema
拘利	Koliya
憍陳如	（Annata）Kondanna
憍薩羅	Kosala
憍賞彌	Kosambi
俱眠村	Kotigama
蓮華日	Kumudi
居樓	Kuru
拘尸那	Kusinara
大林精舍	Kutagara
矩吒唐特	Kutadanta
離車（族名）	Licchavi
藍毘尼園	Lumbini
摩揭陀	Magadhi
摩訶波闍波提	Mahapajapati
末迦利瞿舍梨子	Makkhali Gosala
摩窟羅山	Makula

末羅（族名）	Malla
摩露伽子	Malunkayaputta
摩登伽	Matanga
彌伽	Megha
目犍連	Moggallana
那提迦葉	Nadi Kassapa
那爛陀	Nalanda
尼連禪河	Neranjara
尼乾陀若提子（尼乾子）	Nigantha Nathaputta
尼拘律樹園（菩提樹園）	Nigrodha Park
尼拘律	Nigrodha
蓮花伐蒂	Padumavati
迦羅拘陀迦栴延	Pakudha Kaccayana
波羅夷	Parajika
波奈耶伽	Parileyyaka
簸利婆羅闍迦	parivrajakas
波斯匿王	Pasenadi
波多恰拉	Patacara
巴連弗城	Pataliputta
波羅提木叉	Patimokkha
波婆城	Pava
自恣日	Pavarana
婆波特山	Pavatta

普拉克利塔，摩登伽女	Prakriti
覓罪相毘尼，又作本言治毘尼、居止淨律	
	Pratijnakaraka-Vinaya
補庫薩	Pukkusa
補納	Punna
補納洛迦納	Punnalakkhana
富蘭那	Purana
富樓那迦葉	Purana Kassapa
東園	Purvarama
王舍城	Rajagaha
皇家精舍	Rajakarama
羅稽羅（森林名）	Rakkhita
羅摩村	Ramagama
梨俱吠陀	Rigveda
盧醯河，盧奚多河	Rohini
盧醯特沙	Rohitassa
現前毘尼，又作面前止淨律	Sammukha-Vinaya
刪闍耶毘羅胝子	Sanjaya Balatthiputta
七滅淨，又作七滅諍法、七止諍法	Saptadhikarana-Samatha
七葉窟	Saptaparnaguha
薩羅河	Sarabhu
舍利弗	Sariputta
舍衛城	Savatthi

悉達多	Siddhattha
戒拔特	Silavat
申恕波林	Simsapa
憶念毘尼，又作憶止諍律	Smrti-Vinaya
蘇納	Sona
蘇納檔達	Sonadanda
善柏錫	Subash
妙巴	Subha
善跋陀	Subhada
須跋特羅	Subhadda
善達多	Sudatta
須帝那	Sudina
蘇納卡特	Sunakkhata
孫達梨難陀	Sundari Nanda
蘇利陀	Sunita
申怒波林	Supatthita
縛悉底	Svasti
自言毘尼，又作自發露止諍律	Tatsvabhaisya-Vinaya
如草覆地毘尼，又作草伏地、如棄糞掃止諍律	
	Trnastaraka-Vinaya
優陀夷	Udayin
烏陀迦羅摩子	Uddaka Rarnaputta
優婆離	Upali

奧義書	Upanishads
優樓頻螺	Uruvela
蓮華色	Utpalavanna
跋吉梨	Vajiri
跋耆族	Vajji
薄伽梨	Vakkali
富薩國	Vamsa
憍祇沙	Vangisa
額鞞	Vappa
波羅奈斯	Varanasi
竹林精舍	Venuvana
毘舍離	Vesali
弗山密達	Vessamitta
毘提迦族	Videha
維摩維憍陳納	Vimala Kondanna
鹿子母	Visakha
衛尸朋他羅	Visvantara
多人覓罪相毘尼，又作多覓毘尼、展轉止諍律	
	Yadbhuyasikiya-Vinaya
夜墨盧	Yamelu
耶牟那河	Yamuna

一行禪師於法國和美國設有靜修中心，供僧尼或一般民眾修習專念的生活方式。個人、伴侶或家庭，皆可參加一日或一日以上的專念禪修活動。請上網至 www.plumvillage.org 查詢詳細資料，或直接聯絡以下的靜修中心：

Plum Village
13 Martineau
33580 Dieulivol, France
info@plumvillage.org

Green Mountain Dharma Center
P.O. Box 182
Hartland Four Corners, VT 05049
mfmaster@vermontel.net
Tel: (802) 436-1103

Deer Park Monastery
2499 Melru Lane
Escondido, CA 9202
deerpark@plumvillage.org
Tel: (760) 291-1003

欲查詢全球各地的一行禪師共修團體資料，請上網至 www.iamhome.org。

國家圖書館出版品預行編目資料

一行禪師說佛陀故事.I, 縛悉底篇 / 一行禪師
著；何蕙儀譯. -- 二版. -- 臺北市：法鼓文
化, 2016. 03
　　面；　公分
　　譯自：Old path white clouds : walking in the
footsteps of the Buddha
　ISBN 978-957-598-698-8（平裝）

　1.釋迦牟尼(Gautama Buddha, 560-480 B.C.) 2.
佛教傳記

229.1　　　　　　　　　　　　105000578

大智慧 4

一行禪師說佛陀故事 I·縛悉底篇
Old Path White Clouds: Walking in the Footsteps of the Buddha

著者	一行禪師
譯者	何蕙儀
出版	法鼓文化
總監	釋果賢
總編輯	陳重光
編輯	蔡孟璇、林文理
插畫	Nguyen Thi Hop
封面設計	黃聖文
地址	臺北市北投區公館路186號5樓
電話	(02)2893-4646
傳真	(02)2896-0731
網址	http://www.ddc.com.tw
E-mail	market@ddc.com.tw
讀者服務專線	(02)2896-1600
初版一刷	2005年9月
二版五刷	2023年8月
建議售價	新臺幣750元（套書全三冊，不分售）
郵撥帳號	50013371
戶名	財團法人法鼓山文教基金會—法鼓文化
北美經銷處	紐約東初禪寺
	Chan Meditation Center (New York, USA)
	Tel: (718)592-6593　E-mail: chancenter@gmail.com

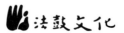